# MUSTANG

## EIN WIEDERENTDECKTES KÖNIGREICH IN NEPAL

**Titelbild:** Chörten markieren die Wege in Mustang; dieser hier führt hinauf nach Tsarang.

**Frontispiz:** Kagbeni - das Tor zum Königreich Mustang.

**Seite 7:** Lo Mantang - sagenumwobene Hauptstadt und Wohnsitz des Königs von Mustang.

**Seite 12 - 13:** Es ist nicht die spärliche Vegetation, die fasziniert, es ist eher die endlose, steinerne Einsamkeit

**Seite 28 - 29:** Kagbeni: Hoch über dem Kali Gandaki gruppieren sich die Häuserwürfel von Kagbeni vor der Schneekulisse des Nilgiri.

**Seite 68 - 69:** Als markante Zeichen in der weiten Landschaft kündigen diesmal Lhatos die Nähe eines Dorfes an.

**Seite 80 - 81:** Im Schutz rot leuchtender Felsen liegt das kleine Oasendorf Tramar.

**Seite 144 - 145:** Im gesamten Himalayaraum, so auch hier in K´ang Gompa, gibt es unzählige Darstellungen der faszinierenden Gestalt Padmasambhavas.

**Seite 166 - 167:** Namenlos sind die Schneeberge rund um Gemi, und von den einstigen Bewohnern der Burgruinen erzählen nur Märchen und Mythen.

---


Lektorat: Gabriele Brasse, Karin Kaiser, Stuttgart
Gestaltung: Holger Lindner, Wiesbaden
Gesamtherstellung: WAS Media Production, 4700 Hamm
Printed in Germany 1993
ISBN 3-89261-098-3

# Inhalt

Es ist der fernste Weg,

der am nächsten führt zu dir selbst.

An jede fernste Türe

muss der Wanderer klopfen,

bis er zur eigenen gelangt.

Tagore.

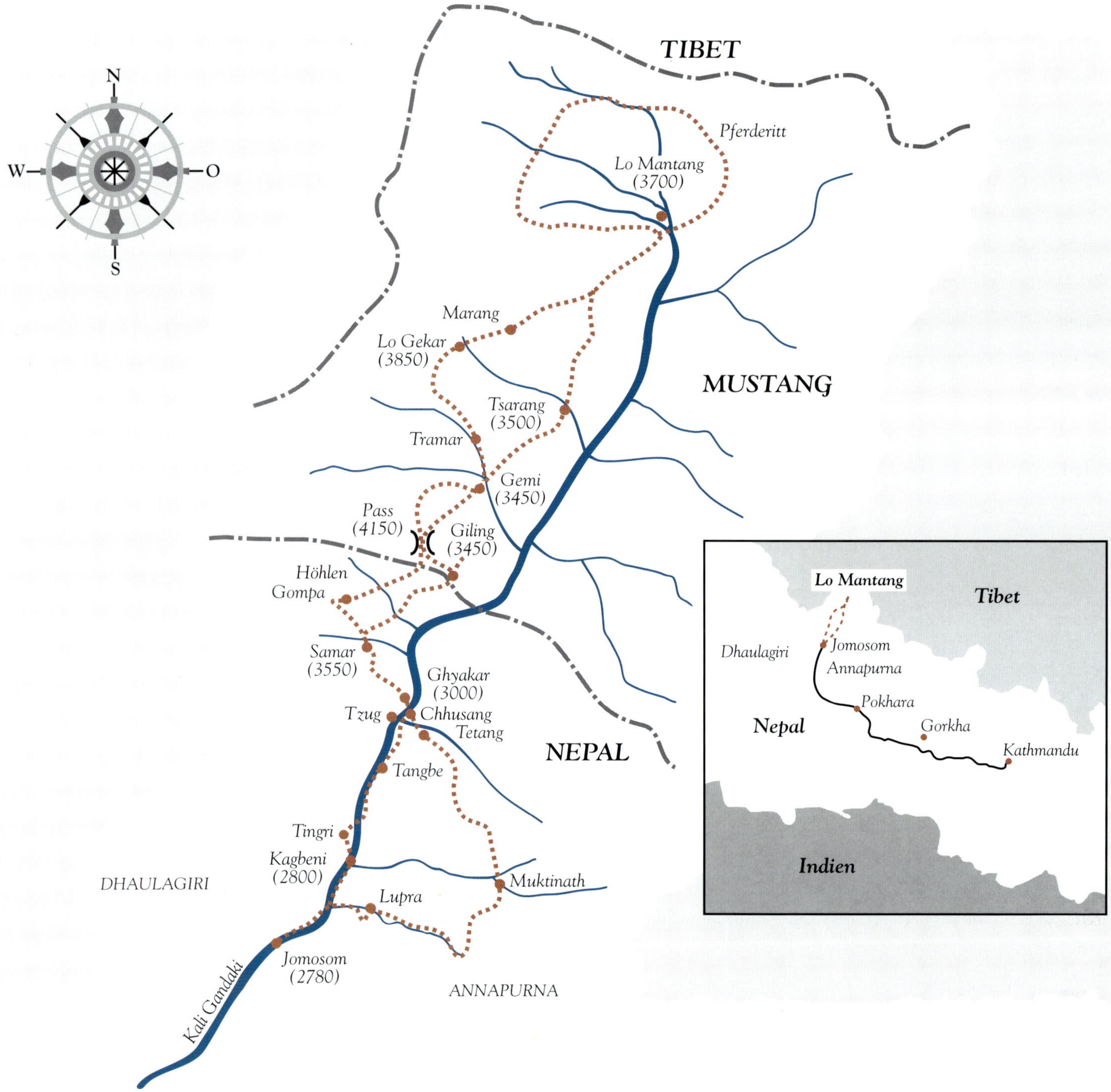
N
S
W
O
TIBET
Pferderitt
Lo Mantang
(3700)
MUSTANG
Marang
Lo Gekar
(3850)
Tsarang
(3500)
Tramar
Gemi
(3450)
Pass
(4150)
Giling
(3450)
Höhlen
Gompa
Samar
(3550)
Ghyakar
(3000)
Tzug
Chhusang
Tetang
NEPAL
Tangbe
Tingri
Kagbeni
(2800)
DHAULAGIRI
Muktinath
Lupra
Jomosom
(2780)
Kali Gandaki
ANNAPURNA
Lo Mantang
Tibet
Dhaulagiri
Jomosom
Annapurna
Pokhara
Nepal
Gorkha
Kathmandu
Indien

## Einleitung - Überblick

*Als halbautonomes Königreich ist Mustang heute ein Teil Nepals. Nördlich der großen Himalayakette gelegen, reicht es weit nach Tibet / China hinein und ist geographisch dem Hochland von Tibet zuzuordnen.*

*Über die Ursprünge der Geschichte dieses kleinen Landes wissen wir wenig, doch schon in den frühesten tibetischen und ladakhischen Chroniken wird Mustang als ein eigenständiges Reich mit dem Namen Lo (glo bo) erwähnt.*
*Songtsen Gampo, der erste tibetische König, gliederte Mustang im 7.Jahrhundert während seiner zahlreichen Eroberungszüge seinem großtibetischen Reich ein. Später geriet Mustang unter den Einfluß der Könige von Ladakh und entwickelte sich ab dem 12. Jahrhundert zu einem der wichtigsten Stützpunkte der Sakyas, deren Hauptsitz südlich von Lhasa lag. Zu dieser Zeit sollen im ganzen Land bedeutende Klöster entstanden sein, die zum Teil bis heute erhalten sind.*
*Mitte des 15. Jahrhunderts erlangte Mustang seine Unabhängigkeit zurück, und unter dem Reichsgründer und ersten König A-ma-dpal begann die Blütezeit des kleinen Königreiches.*
*Im 17. Jahrhundert überfielen die Mongolen das Land, 1760 wurde es vom Raja von Jumla besiegt und geplündert, bis es schließlich 1790 unter die Herrschaft der Gurkha-Könige geriet. Seither steht Mustang unter nepalesischer Oberhoheit.*
*Der eigentliche Niedergang des einst nicht nur an Kunstschätzen so reichen Landes begann jedoch im späten 19.Jahrhundert mit dem Verlust der Steuereinnahmen aus dem Salzhandel, die nun die Thakalis im Süden für sich beanspruchten, nachdem sie die Herrschaft über die Salzstraße an sich gerissen hatten.*
*Nach dem Einfall der Chinesen in Tibet wurde um 1960 die Grenze im Norden Mustangs geschlossen. Tibetische Khampakrieger sollen sich danach hierhin zurückgezogen haben, um einen Guerilla-Krieg gegen China vorzubereiten. Als politisch hochbrisante Gefahrenzone war Mustang schließlich Sperrgebiet für alle Ausländer; es wurde von der übrigen Welt abgeschnitten, isoliert - und fast vergessen. Erst im März 1992 wurde es wieder für Touristen geöffnet.*

*Die 1293o Einwohner des 3573 Quadratkilometer großen Distrikts Mustang gliedern sich nach letzten Angaben des statistischen Jahrbuches Nepal 1991 zahlenmäßig in folgende Hauptgruppen: Bhotias - 2919; Thakali - 2414; Gurung - 4142; Nepali - 2670.*

*Den Norden Mustangs bewohnen die Bhotias bzw. Tibeter. Sie sind in der Hauptsache nomadische Schaf- und Ziegenzüchter und leben in kleinen oasenartig angelegten Dörfern. Ihre Felder, rund um die Siedlungsgebiete, werden auch heute noch durch ein kunstvoll ausgeklügeltes Bewässerungssystem versorgt. Nur so ist Ackerbau möglich, wobei in einer durchschnittlichen Höhe von 3600 Metern nur noch ganz spezielle, robuste Nutzpflanzen gedeihen.*
*Die Bothias sind Buddhisten, d.h. ihr Glaube ist eine bestimmte Form des Buddhismus, der Tibetische Buddhismus. Nur wenige hängen noch der Urreligion an, dem alten Bon-Glauben.*

*Im Süden leben zahlenmäßig überwiegend die Gurung und Thakali. Ihre Städte und Dörfer waren einst von pulsierendem Handelsleben erfüllte Zentren entlang der berühmten Salzstraße, der Lebensader Mustangs, die Tibet mit Nepal und Indien verband. Tierfelle und Wolle, vor allem aber das kostbare Salz aus den Seen der Changtang, gelangten auf dem Rücken der Karawanentiere auf diesem Wege von Tibet nach Süden, in umgekehrter Richtung waren es Getreide und Gebrauchsgegenstände des täglichen Lebens.*

*Obwohl auf der gesamten Strecke keine extrem hohen Pässe zu überwinden sind, zählt dieser Karawanenweg seit alters her zu den gefährlichsten des weiten Himalayaraumes. Sich am Lauf des heiligen Kali Gandaki orientierend, der Mustang von Nord nach Süd durchfließt, führt die berühmt-berüchtigte Salzstraße durch eine wild zerklüftete, ausgedörrte Landschaft, von Wind und Wasser bizarr geformt. Oft schmiegt sich der schmale Weg in gefährlich steile Hänge, und immer folgt dem Abstieg in tiefe Schluchten ein Aufstieg in luftige Höhen. Nur selten gibt es eine bequeme, längere Strecke im Flußbett. Die wenigen Dörfchen, die sich im Norden entlang der Salzstraße entwickelten, wurden von einer festungsartigen Burg bewacht, die auch den Händlern Schutz gewährte vor den Überfällen räuberischer Banden, die sich überall im unwegsamen Gelände versteckt hielten.*

Wenn es auch heute keine Wegelagerer mehr gibt, vor denen man sich fürchten müßte, so hat doch der alte Karawanenweg nichts von seiner faszinierenden Abenteuerlichkeit verloren. Er fordert den Wanderer, führt ihn aber auch in eine fremde, schillernde Welt, die sich von allen anderen Ländern des Himalaya unterscheidet.

Jeder muß allein für sich diese Welt erobern, Stück für Stück, Schritt für Schritt; denn selbst das 20. Jahrhundert hat es nicht geschafft, das Rad nach Mustang zu bringen.
Und für den, der gelernt hat zu schauen, wird sich dann ein Schatzkästlein öffnen, dessen Geheimnisse zu entdecken aufregend und faszinierend ist.

## Aufbruch nach Mustang

*Gegen 22 Uhr wirkt der Frankfurter Flughafen wie ausgestorben. Es scheinen nur mehr "Rucksäcke" unterwegs zu sein. Vor uns am Schalter der Royal Nepal Airlines versammelt sich eine Gruppe von mindestens dreißig Leuten. Erschreckend, nicht nur wegen ihrer Vielzahl - sie sehen alle ungemein sportlich aus; und sie werden doch wohl nicht auch nach Mustang…?*

*Wir sind nur fünf: meine Freundin Usch - Chinaexpertin, und immer unterwegs, Elke - eine junge Künstlerin, Rainer - der Laborarzt, Horst - ein dynamischer Unternehmer und Besitzer einer unserer größten Reisegesellschaften, und ich - himalayabegeistert, immer wieder, immer wieder neu - und jetzt eben ganz besonders, denn unser Reiseziel ist Mustang, das geheimnisvolle Königreich im Nordwesten Nepals, verborgen hinter der großen Himalayakette.*

*Dieses alte Land "LO" - südlich begrenzt von den gewaltigen Massiven des Dhaulagiri und Annapurna, durchzogen und zerfurcht von den Wassern des heiligen Kali Gandaki mit seinen vielen Nebenflüssen, geplagt und geformt von den ständig tosenden Winden. Bis jetzt hermetisch abgeriegelt von der nepalesischen Regierung - und wir sind auf dem Weg dorthin.*

*Zurückgelehnt in die bequemen Polster der Business-Class - man hat sie uns in der letzten Minute angeboten - erfüllt mich, gemischt mit der Freude, wieder einmal ein Land des Himalaya zu besuchen, auch ein gewisser Stolz; denn wir sollen die erste deutsche Reisegruppe sein, der es gestattet ist, nach Mustang einzureisen. Eine richtige Pionierexpedition also, zumal es keine aktuellen Informationen gibt, nichts, was das Land in seiner Gesamtheit beschreibt.*
*An alten Reiseberichten war in den Antiquariaten auch nicht viel aufzufinden. Lediglich Kawaguchi, Tucci, Snellgrove, Tichy und Peissel haben mehr oder weniger ausführlich über ihre Reisen durch dieses kleine buddhistische Himalayaland berichtet; und das ist nun auch schon wieder über dreißig Jahre her. Seitdem hat man von Mustang fast nichts mehr gehört.*

*Was wird uns dort erwarten? Wie werden die Dörfer sein mit ihren dazugehörenden alten Klöstern, wie die Wege, die dorthin führen, wie das Wetter? Wie werden wir mit der Höhe zurechtkommen, wie hoch werden wir überhaupt hinaufsteigen müssen? Die Angaben in den Karten sind äußerst ungenau. Wie werden uns die Menschen begegnen? Ob es immer noch von kriegerischen Khampas aus Tibet wimmelt, von denen Peissel so viel in seinem Buch erzählt? Werden wir überhaupt die sagenumwobene Hauptstadt Lo Mantang, hoch im Norden des Landes, erreichen, wo der König mit seiner Familie in einem großen Palast leben soll? Werden wir ihn vielleicht sogar besuchen dürfen?*

*Fragen, Fragen, die sich da in meinem vom Rotwein schon etwas schläfrigen Hirn ihren Weg suchen. Doch wie meist - und besonders dann, wenn das Flugzeug von einem Luftloch in das andere fällt - macht sich ein gewisser Fatalismus in mir breit, der die spannende Erwartung nicht dämpft, sondern eher in eine ungeheuer erwartungsvolle Vorfreude wandelt.*

## 1. Tag - Kathmandu

*Gegen 11 Uhr landen wir in Kathmandu. Dunst verschleiert die Berge ringsum. Es ist heiß, und ich bin müde nach dem langen Flug. Aber das ändert sich schnell beim Eintauchen in die prallvollen, lärmigen Gassen der Altstadt, die mich immer wieder mit ihrem morbidschmutzigen Charme einfangen, in denen ich dann auch garantiert etwas finde, bei einem gewitzten, aber ungeheuer liebenswerten Händler, in der untersten Schublade, im hintersten Winkel, das, was ich schon immer gesucht habe und was ich jetzt unbedingt kaufen muß -und sicher wieder für viel zu viel Geld. Aber noch nie habe ich nichts in Kathmandu gekauft.*

*Horst muß nach T-Shirts schauen; er hat nicht mit diesen sommerlichen Temperaturen gerechnet und nur warme Sachen eingepackt. Aber selbst in Mustang wird es nicht viel anders sein als hier, tagsüber zumindest. Denn auch in einer Höhe von 3000 - 4000 Metern kann es zu dieser Jahreszeit bis zu 30 Grad warm werden. Außerdem ist das Wetter meist sehr wechselhaft, wie überall in den Bergen. Jetzt quält man sich noch schwitzend einen Hang hinauf, im nächsten Moment zittert man im eiskalten Wind. Am besten kleidet man sich dann wie eine Zwiebel, immer dazu bereit, eine Schicht an- oder abzulegen.*

*Das Wichtigste , was wir heute noch besorgen müssen, ist unser Trekking-Permit für Mustang, das uns offiziell den Besuch des Königreiches gestattet und den Weg von Jomosom bis hin zur tibetischen Grenze im Norden bestätigt. Erwartungsvoll, mit zwei Paßbildern und 1000 Dollar in der Tasche, sitzen wir auf wackligen Holzstühlen im Immigration-Office. Fünfhundert Dollar zusätzlich pro Woche - das trifft jetzt jeden der zweihundert Touristen, die offiziell pro Jahr nach Mustang einreisen dürfen. Eine Empfangsquittung für unser Geld bekommen wir zwar, aber keine Erklärung, was mit dieser Summe geschieht. Weil wir das Geld alle bar haben, ist das Trekking-Permit eine Angelegenheit von zehn Minuten.*

## 2. Tag - Mit dem Bus über Gorkha nach Pokhara

*Ich freue mich auf die Busfahrt nach Pokhara. Sechs Stunden soll sie nur noch dauern, nachdem die Straße an vielen Stellen ausgebessert und zum Teil ganz erneuert wurde.*

*Es ist recht früh heute morgen, und wir wollen bald aufbrechen, um noch unterwegs einen kurzen Abstecher nach Gorkha zu machen, zur ehemaligen Hauptstadt der Gurkha-Könige.*
*Die alte Festungsstadt liegt nur etwa dreißig Kilometer nördlich von unserer Strecke hoch oben in den Bergen.*

*Es ist kurz nach acht, und Kathmandu ist erst halb aufgewacht. Die Bürgersteige sind fast leer, nur hier und da eine hockende Gestalt auf der Treppe vor dem Haus, fröstelnd neben einem qualmenden Öfchen. Es sind diese eisernen Behältnisse für Holz und Dung, die der Stadt den so typischen Morgengeruch geben, wenn sich die frische Kühle der Nacht mit dem würzigen Rauch des beginnenden Tages mischt.*

*Die Straße nach Pokhara führt von unserem Hotel mitten durch die Stadt. Und bald wird es dann doch lebendiger, wuseliger. Bunte Lastwagen, voll beladen, überfüllte Busse, Motorräder, Personenautos, Taxis, klingelnde Fahrräder - und in all diesem Getümmel die heiligen Kühe, die mit unglaublicher Geschicklichkeit umfahren werden, wobei sie selbst mit bewundernswertem Gleichmut sorglos im Verkehrschaos umherschlendern.*

*Ich lasse die Bilder an mir vorüberziehen wie einen Film, unbeteiligt fast. Der Geist ist noch angefüllt mit zu viel ruhelosen, europäischen Gedanken.*
*Das ändert sich erst, als die engen Häuserreihen auseinanderrücken, sich allmählich auflösen und der Blick über die weiten Terrassenfelder streifen kann. Alle warten auf Regen, es fehlt das frische Grün der Reishalme. Nur hier und da, hingetupft an die braunen Hänge, leuchtet das Blättergrün junger Bäume. Am Straßenrand gleiten die blauen Blütenwolken der Jacarandas an mir vorüber, reißen mich immer wieder aus meinen Träumen, dazwischen das Orangegelb der Grevilleas.*

UNTER EINEM RIESIGEN GRÜNEN BLÄTTERDACH BUNT WIE HINGESTREUTE BLÜTEN DIE SARIS DER FRAUEN.

*Etwa 12 km nach Mugling, wo eine der Hauptverbindungen nach Indien abzweigt, biegen wir rechts ab nach Gorkha und fahren jetzt fast genau nördlich zum Herrschersitz der Gurkha-Könige. Sie stammen aus dem Geschlecht der Rajputen Indiens. Einst flohen sie vor den Muslimen in die Vorberge des Himalaya. Prinz Prithvi Narayan Sha bestieg 1742 als erster Gurkha-König den Thron, siebenundzwanzig Jahre später hielt er Einzug in den drei Königstädten Kathmandu, Patan und Baktapur. Nach etlichen Eroberungskriegen erreichte das neue Gurkhareich fast die doppelte Größe des heutigen Nepal.*
*Auch Mustang geriet während dieser Zeit unter die Herrschaft der Gurkha-Könige. Die Gurkhas, in der ganzen Welt als tapfere Soldaten bekannt, sind kein einheitlicher Volksstamm wie z.B. die Newari, die Limbu, Gurung oder Magar, sie sind eher ein Konglomerat aus diesen allen. Ihren Namen haben sie lediglich von der ehemaligen Herrscherstadt Gorkha.*

*Über der Stadt, hoch oben auf einem Berg und nur über eine endlose Flucht von Stufen zu erreichen, wacht die trutzige Burg der Könige.*
*Es ist heiß, und schon nach 300 Metern Stufen geht mir fast der Atem aus. Zu tragen habe ich nur meine kleine Fototasche - wie soll das nur in Mustang werden?! Die Luft ist feucht und drückend, treibt eine hitzige Röte ins Gesicht; ich bin froh über jeden frischen Luftzug. Fast oben angelangt, an vielen Häusern, Geschäften und Lädchen vorbei, leuchten unter einem riesigen grünen Blätterdach bunt wie hingestreute Blüten die Saris der Frauen.*

*Die Burg der Gurkha-Könige mit ihrem integrierten Kali-Tempel ist ein beliebtes Ausflug- und Pilgerziel, erzählt mir Frau Purima, die schon oft hier gewesen ist. Heute sei außerdem ein besonderer Tag, der Göttin Kali geweiht. Deshalb haben sich so viele Pilger eingefunden.*
*Mit ihren Opfergaben ziehen sie vorbei an der Statue Hanumans und Ganeshas, steigen die Stufen hinauf zum Tempel der Kali, der sich in einem unteren Palastflügel befindet.*
*Der eigentliche Tempelraum ist eine kleine, dunkle Höhle, kaum fünf mal fünf Meter groß. Geduldig warten die Pilger davor, eine bunte, sich stets erneuernde Schlange, die segnend von*

Pilgerinnen in bunten Saris auf dem Weg zum Kali-Tempel.

Auch Hanuman und Ganesha bewachen den winzigen Laden vor dem Gurkha-Palast.

einem etwas mürrisch dreinschauenden Priester betreut wird. Wir dürfen überall nur hineinsehen. Und für mich als Nichtgläubige ist es nur eine flüchtige Bekanntschaft, wie es so viele gibt, wenn man unterwegs auf Reisen ist.

Es ist schon dunkel, als wir in Pokhara ankommen und durch das große Tor des Campingplatzes fahren. Aufgereiht, ganz nah am Ufer des Phewa-Sees, stehen unsere grünen, mobilen Häuser für die nächsten drei Wochen. So idyllisch dieses Bild im Moment auch scheinen mag - heute wäre mir ein ordentliches Hotelzimmer mit Dusche doch sehr recht gewesen, so durchschwitzt wie wir nach unserem Gurkha-Ausflug sind! Außerdem ist es noch immer fast unerträglich heiß.
Pokhara liegt ja nur auf einer Höhe von 800 Metern, und der nahe See macht die Luft feucht und unsere Sachen klamm. Man könnte zur Erfrischung vielleicht noch ein Bad im See nehmen! Aber keiner hat so recht Lust, zumal das Ufer stockdunkel ist und die Reise nicht schon am Phewa-See ein jähes Ende nehmen soll.
Unser Koch Sonam, der uns von jetzt an begleiten wird, versöhnt uns mit einem schmackhaften Menü. Im Laufe des Abendessens gesellt sich auch Wangchu, unser Sherpa, zu uns, er ist äußerst liebenswürdig und zurückhaltend. Vor einem Monat ist er schon einmal durch Mustang gewandert, um Wege und Übernachtungsplätze für uns auszukundschaften. Er wird sich von jetzt an um die Träger, deren Lasten und um unser leibliches Wohl kümmern.
Unser Reisegrüppchen ist nun schon auf neun Personen angewachsen, denn aus Kathmandu sind noch Pushpa, unser Tour- Leader, ein fröhlicher und geselliger junger Mann, und Hamal, unser Polizist, mit uns gekommen. Auf Anordnung der nepalesischen Regierung soll er uns bewachen und gleichzeitig beschützen. Dazu gehört natürlich eine gewichtige Pistole - und das entsprechende Auftreten. So wirkt Hamal trotz seines recht jugendlichen Alters, er ist erst zweiundzwanzig Jahre, ernst und distanziert. Er ist sich seiner verantwortungsvollen , außergewöhnlichen Aufgabe voll bewußt. Unsere Restmannschaft, die Träger, wartet schon in Jomosom auf uns. Sie ist den Weg von Pokhara dorthin zu Fuß gegangen. Ein Flug für alle wäre zu teuer, denn es sind noch weitere dreizehn Personen, die wir für den Transport unserer gesamten Expeditionsausrüstung benötigen.

*Um diese Jahreszeit kann man in Mustang nichts kaufen, was eventuell unseren Speiseplan bereichern würde. Und so müssen wir für unseren Aufenthalt dort alles mitnehmen, von den Eiern für das Frühstück bis zum Kerosin für Ofen und Lampe, samt allen Gerätschaften, die unterwegs gebraucht werden. Noch ein Bier - oder lieber zwei? Auch das wird es demnächst nicht mehr geben. Und an den vielgerühmten Chang, dieses säuerliche Gerstengebräu, muß man sich erst wieder gewöhnen.*

*Selbst um Mitternacht ist es im Zelt noch unerträglich heiß. Ob die Hitze auch die Vögel nicht schlafen läßt? Sie zwitschern unentwegt ihr Frühlingslied. In der Ferne bellen Hunde, nah am Ufer quaken Frösche, und noch näher, gleich nebenan, schnarcht jemand - Nachtgeräusche, die das Dunkel des Zeltes füllen und mich in einen unruhigen Schlaf begleiten.*

## 3. Tag - Aufregender Flug nach Jomosom ; Wanderung nach Kagbeni

*Early morning tea um 5.15 Uhr. Ich glaube, gerade erst eingeschlafen zu sein. Doch der große Becher mit dem dampfenden Lebenselixier bringt mich schnell auf die Beine, wenn auch nicht die am Abend ausgepackten Sachen mühelos mit der gleichen Geschwindigkeit wieder in den Sack zurück. Sich darüber aufzuregen, lohnt nicht. Die Erfahrung hat mich gelehrt, daß das Packen von Tag zu Tag besser und schneller geht und daß der Sack am Ende, wenn es unterwegs nicht viel zu kaufen gegeben hat, sowieso nur noch halb voll ist.*

*Mitten im morgendlichen Frühstückstrubel erreicht uns die Nachricht, daß der erste Flug heute nicht nach Manang, sondern gleich nach Jomosom gehen soll. Er geht dann aber doch nach Manang, und wir haben nach einer rasanten Fahrt zum Flughafen noch bis acht Uhr Zeit.*

*Dem totalen Chaos des kleinen Abfertigungsraumes entkommen, genießen wir den sonnenüberfluteten Morgen in den bequemen, weißlackierten Gartenstühlen des nahegelegenen Hotels Annapurna. Auf meine Feststellung, daß dieses Haus doch eine adäquate und nicht zu verachtende Unterkunft sei, meint Horst nur lakonisch: „Richtige Mustangtrekker haben für solch einen Luxus gar nichts übrig!" Ich frage ihn nicht, was er unter "richtige Mustangtrekker" versteht;*

*irgendwann unterwegs werde ich mich rächen und ihn an sein sauberes und bequemes Bett zu Hause erinnern - von der warmen Dusche ganz zu schweigen! Ich kaufe noch schnell ein paar Postkarten, in der Hoffnung , daß es in Mustang ein Postamt gibt. Für Sammler ist der Poststempel von Mustang sicher jetzt noch eine Rarität!*

*Von unserem Gartenplatz aus sehen wir die Maschine hereinfliegen und müssen uns beeilen. Bis auf den letzten Platz - es gibt ja nur zwölf - ist die kleine Twin Otter besetzt.*
*Dieser Flug, zwischen den mächtigen Massiven des Dhaulagiri und Annapurna hindurch, das Kali Gandaki-Tal aufwärts, gilt als einer der spektakulärsten Flüge überhaupt. Es kann nur am frühen Morgen geflogen werden und bei klarer Sicht, denn gegen 10 bis 11 Uhr setzen die gewaltigen Winde ein, die eine Steuerung und Landung unmöglich machen.*
*Elke gibt ihre Angst zu und geht noch mal schnell zur Toilette. Wenig später sitzen wir alle in der Maschine, mit gespannten Gesichtern, die Kamera auf dem Schoß, um nur ja nichts zu versäumen.*
*Die Propeller drehen sich, da spricht der Pilot noch ein kurzes Gebet, hält seine Kopfhörer segnend an die Stirn, senkt demütig den Kopf auf das Armaturenbrett. Ich weiß nicht, ob diese Gestik Elke nun Furcht oder Zuversicht einflößt...*

**DIE PROPELLER DREHEN SICH, DA SPRICHT DER PILOT NOCH EIN KURZES GEBET.**

*Ich jedenfalls freue mich auf den kurzen Flug, das Kali Gandaki-Tal hinauf, rechts und links begleitet von den Schneegipfeln der Himalayariesen. Seit ich in Papua so häufig mit diesen kleinen Maschinen geflogen bin, ist aus dem Hasenfuß, der ich einmal war, ein richtiger Fan geworden.*

*Die Twin Otter holpert über die Schotterpiste, erhebt sich mühelos in die Luft, und sehr schnell sehen wir unter uns den Phewa-See, die vielen, vielen Terrassenfelder, manchmal wie grüne Rosetten um die braunen Berge gelegt. Verstreute Dörfchen, die Häuser eng zusammengekuschelt, um nicht zu viel von dem kostbaren Ackerboden zu verschwenden. Dann wieder nur einzelne Hütten,* weit von jedem Nachbarn entfernt, mitten in der Einsamkeit der fruchtbaren Felderlandschaft. Der Pilot dreht nach Westen ab, in das Tal des Kali Gandaki. Und jetzt sehen wir sie ganz nah neben uns, die berühmten Himalayariesen: den markanten Machhapuchhare mit seinen 6997 Metern, das Matterhorn Nepals, die Annapurna Gipfel, deren höchster 8091 Meter mißt, und dann vor uns durch die Cockpit-Scheibe das gewaltige Massiv des Dhaulagiri mit einer Höhe von 8167 Metern. Mächtig baut sich der weiße Koloß vor uns auf.

Nur knapp fünfunddreißig Kilometer liegen jetzt zwischen diesen beiden Achttausendern.
An dieser Stelle ist das sechstausend Meter tiefe Durchbruchstal des Kali Gandaki Flusses zu erkennen, die tiefste Schlucht der Erde! Von keinem anderen Gebirge kennt man dieses Phänomen - von Flüssen durchbrochen zu werden, die in niedrigeren Formationen ihre Quelle haben. Immer nimmt das Wasser den Weg des geringsten Widerstandes.
Doch hier ist eben alles anders. Der Kali Gandaki entspringt hoch im Norden Mustangs in der Nähe der tibetischen Grenze im Transhimalaya und nimmt seinen Lauf direkt nach Süden in einem gewaltigen Graben durch die Himalayakette. Eine Erklärung für die Entstehung dieses Grabens mag in der erdgeschichtlichen Entwicklung liegen. Das Gewässernetz nördlich des Himalaya bestand schon, als dieser in die Höhe geschoben wurde. Die Erosionskraft der nach Süden fließenden Flüsse war stärker als die Hebung des Gebirges, was wiederum zur Folge hatte, daß die Talsohlen schneller vertieft wurden als das Gebirge aufstieg. Dazu kamen dann noch an der Südabdachung die starken, erodierenden Niederschläge des Monsuns.

Unser Flugwetter ist heute nicht das allerbeste. Immer wieder segeln Wolken heran, und wir werden einige Male kräftig durchgeschüttelt.
Ist das wirklich schon Jomosom? Für mich waren die zwanzig Minuten Flug viel zu kurz. Schnell und ohne Umstände zieht der Pilot die Maschine herunter auf die holprige Landepiste.
Mit unserem Gepäck werden noch dicke Rollen schwarzer Schläuche - Wasserleitungen - ausgeladen. Später werden wir sie auf unserem Weg durch Mustang wiedersehen, aufgebunden als drückende

Last auf viele Rücken. Anders ist der Transport in die entlegenen Dörfer nicht möglich.
Ein wenig ratlos stehen wir da zwischen unseren verstreuten Gepäckstücken, können es noch nicht so recht begreifen, daß wir tatsächlich in Mustang sind, d.h. offiziell beginnt Mustang hier, das Herrschaftsgebiet des Königs etwas weiter nördlich, jenseits von Giling.

Die Twin Otter ist schon wieder zum Rückflug bereit. Und als sie sich in die Lüfte erhebt, sind ihre Räder die letzten, die ich für vierzehn Tage sehen werde. In Mustang gibt es noch keine Straßen, nur schmale Wege und Pfade verbinden die Dörfer, jahrhundertealt, eingegraben in steile Hänge, hinunterführend in tiefe Schluchten - für Räder völlig ungeeignet.

**Nur schmale Wege und Pfade verbinden die Dörfer, jahrhundertealt, eingegraben in steile Hänge.**

Zu beiden Seiten des Flusses reihen sich die niedrigen Häuser von Jomosom, durch zwei große Brücken miteinander verbunden. Viele Restaurants und Herbergen gibt es hier, eingerichtet für die Pilger auf dem Weg nach Muktinath und die recht große Zahl der Trekker, die von Süden das Tal des Kali Gandaki heraufkommen oder von hier aus Nilgiri und Annapurna umrunden, wie uns einige erzählen.

Vor einem dieser Restaurants sitzen wir jetzt auf den Eingangsstufen in der Sonne. Wir müssen warten und lassen den Verkehr von Jomosom an uns vorüberziehn, der zu dieser frühen Stunde aus ein paar neugierigen und, wie es scheint, gar nicht so eifrigen Schulkindern, einigen Pferden, Hühnern, Hunden und Trekkern besteht. Wangchu kümmert sich um die Einteilung unserer Träger und deren Lasten, Pushpa und Hamal sind unterwegs und suchen den Immigration-Officer, ohne dessen Genehmigung wir nicht weitergehen dürfen.

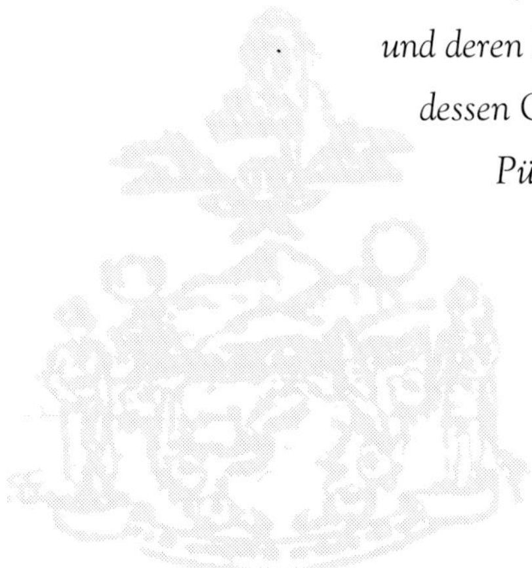

Pünktlich um zehn Uhr beginnt sein Dienst, und es stört ihn überhaupt nicht, daß wir vor seinem Kontrollhäuschen warten. Eben hat noch die Sonne gebrannt, jetzt drücken graue Wolken gegen die Berge und machen das Blau des Himmels zu. Unseren Trekking-Permit-Stempel bekommen wir dann schnell und problemlos, dazu Ermahnungen, keinen Abfall liegen zu lassen, nicht von den vorgeschriebenen Wegen abzuweichen, keine Geschenke zu verteilen und uns im übrigen an die Anweisungen

Tierkarawanen befördern die Handelswaren; noch gibt es keine Straße.

*unseres Polizisten zu halten. Bis auf den Abfall, der sicherlich eines der größten Probleme darstellt, denke ich, wird sich das alles schon unterwegs regeln. Zum Schluß erfolgt dann noch der persönliche Eintrag in das spezielle Mustang-Einreisebuch. Nur ganz wenige waren vor uns da; einige Namen sind mir sogar bekannt.*

*Auf der neuen, großen Brücke, die die beiden Ortsteile von Jomosom miteinander verbindet, überqueren wir den Kali Gandaki und gehen jetzt immer Richtung Norden am Ostufer entlang.*

DIE ERSTE POSTKARTE FÜR ZU HAUSE
"HURRA, WIR SIND IN MUSTANG!"

*Auch hier gibt es wieder viele kleine Geschäfte - und ein Postamt, mit Schalter, Briefmarken und Stempel von Mustang. Die erste Postkarte für zu Hause ist schnell geschrieben: "Hurra, wir haben es geschafft, wir sind in Mustang!"*

*Ein Stückchen weiter prangt am Wegesrand ein unübersehbares Schild :"Deutscher Bäcker". Was macht ein deutscher Bäcker in Jomosom? Wir sind neugierig, suchen in einem schmalen Gäßchen den kleinen Laden.*
*Den Bäcker finden wir leider nicht, aber neben allem möglichen Krimskrams gibt es da tatsächlich ein sauberes Tablett mit Brezeln, Krapfen, Schnecken und kleinen Kuchen. Und bald beschwert eine süße, duftende Last Uschs und meinen Rucksack.*
*Am Ortsende führt der Weg nach Kagbeni am Militärstützpunkt vorbei, steil die Uferböschung hinunter in das Bett des Kali Gandaki. Auf der westlichen Seite durch senkrecht abfallende Felsen begrenzt, ist das Flußbett hier sicher mehrere hundert Meter breit. Mäandernd bahnt sich der Hauptfluß seinen Weg durch das riesige Kieselfeld.*
*Es geht sich fast angenehm und gemächlich, mit leichtem Rückenwind, in einer klaren und noch nicht zu dünnen Luft. Wir sind hier in Jomosom erst 2700 Meter hoch. Ab und zu muß man über ein schmales Rinnsal hüpfen, aber immer nur so weit, daß man keine nassen Schuhe bekommt. Die blankgeschliffenen Kiesel mit ihren verschiedenen Farben und Formen faszinieren mich. Am liebsten würde ich sie alle aufheben, um sie näher anzusehen.*

*Tierkarawanen in langgezogenen Reihen traben und bimmeln an uns vorüber, stämmige Himalayapferde und schwerbeladene Dzos, eine Kreuzung zwischen Rind und Yak, von dem sie ihre urige Gestalt haben. Seit Jahrhunderten werden die Handelslasten mit den Tieren auf diesem uralten Karawanenweg durch Mustang von Tibet nach Indien transportiert.*
*Nach dem Einfall der Chinesen in Tibet 1950 und der späteren Schließung der Grenze wurde zwar der Handel zwischen diesen Ländern drastisch eingeschränkt, aber noch immer müssen die Menschen im Norden Mustangs mit allerlei Gütern versorgt werden. Und so gehören die Tierkarawanen zum Bild der Landschaft wie bei uns Züge und Lastwagen.*

*Die Leittiere sind immer besonders reich geschmückt. Die Pferde tragen einen hohen Kopfputz aus Troddeln und einem rot eingefärbten Yakschwanz, der sich wie ein Federbusch wippend hin und her bewegt. Große bronzene Glocken und Schellen hängen um den Hals, und prächtig buntgeknüpfte Satteldecken zieren den Rücken. Mir fällt auf, daß die besonders schön herausgeputztenTiere nichts tragen müssen, nur ihren Schmuck; die anderen folgen ihnen wie graue Mäuse, rechts und links schwer mit Säcken beladen - Karawanenhierarchie!*

*Weit hört man die Glocken der Tiere.Vermischt mit dem Heulen des Windes, komponiert sich so für mich die Musik Mustangs, die uns Tag und Nacht begleiten soll, vom Allegro der Ziegenbimmeln zum getragenen Andante der Yakglocken, bis hin zum kraftvollen Crescendo im Brausen der Stürme.*

*Mal wandern wir jetzt im Flußbett, mal zieht sich der Weg ein Stückchen seitlich den Hang hinauf, wenn ein Überspringen der schmalen Wasserarme unmöglich wird. Erst am späten Nachmittag erreichen wir nach einer ausgedehnten Mittagsrast Kagbeni. Man könnte den Weg von Jomosom hierher gut in drei Stunden schaffen, aber wir haben uns absichtlich viel Zeit für unsere erste Wanderstrecke genommen, jeder auf seine ganz persönliche Art.Geist und Körper machen sich nur allmählich vertraut mit den vielen fremden, faszinierenden Eindrücken Mustangs.*

*Auf einer steilen Felsterrasse über dem Kali Gandaki, bewacht von den Ruinen einer mächtigen Burg, leuchtet schon von weit der rote Kubus des Klosters von Kagbeni, eingerahmt von weißen Häuserwürfeln und frischen, grünen Gerstenfeldern.*
*Einst herrschte hier ein Fürst, der den Handel zwischen Tibet und Indien kontrollierte und seinen Reichtum aus den Steuern schöpfte, die er auf die Handelsware erhob. Salz und Wolle kamen aus dem nördlichen Tibet, Getreide und allerlei Gerätschaften aus dem Süden. Zahlreiche Forts entlang der alten Karawanenstraße sicherten den Händlern Schutz zu vor den Überfällen der räuberischen Banden, die sich in dem unwegsamen Gelände versteckt hielten.*
*Für diesen Dienst wurde eine Art Wegezoll erhoben, der den einzelnen Burgherren ein recht gutes Einkommen einbrachte.*

*Nur selten gingen die Handelskarawanen den gesamten weiten Weg von Tibet nach Indien oder umgekehrt. Meist wurde die Ware auf halber Strecke umgeschlagen. Die südliche Region von Mustang war hierfür ein prädestinierter Platz, und dort entwickelten sich regelrechte Handelszentren.*
*Kagbeni gehörte auch dazu, denn von hier verlassen sternförmig vier Wege noch heute den kleinen Ort: westwärts geht es nach Dolpo, ostwärts nach Muktinath über Marang schließlich nach Kathmandu, südlich führt der Karawanentrek nach Indien, nördlich nach Tibet.*
*Händler und zahllose Pilger zogen entlang dieser Nord-Süd-Achse, die als eine der gefährlichsten Wegstrecken im gesamten Himalayaraum galt, doch nicht nur, weil man sich ständig in der Gefahr befand, ausgeraubt zu werden. Reißende Flüsse, tief eingeschnittene Täler, schmale Pfade an senkrecht abfallenden Felsen entlang machten die Wanderung durch Mustang zusätzlich beschwerlich.*
*Daran hat sich bis heute nichts geändert. Wenn es auch keine Wegelagerer mehr gibt, die den Durchreisenden auflauern - obwohl, warum begleitet uns dann Hamal mit seiner großen Pistole? In Kagbeni soll es ein schönes Guest-House geben, habe ich gehört, mit sauberen Zimmern und*

Wasser. Aber als wir ankommen, ist es schon von einer Gruppe Franzosen besetzt, die nach Muktinath weiterreisen wollen. Wangchu hat sich inzwischen nach einem Zeltplatz für uns umgesehen. Hinter mannshohen Mauern in einem Viehpferch sind wir einigermaßen windgeschützt. Unsere Träger haben sich heute am ersten Tag auch nicht besonders beeilt, die Zelte sind noch nicht fertig aufgebaut. So bleibt genügend Zeit, Kagbeni zu erkunden.

Ich muß mir meinen Weg durch rotznasige Kinderscharen und heimkommende Ziegenherden bahnen, beide ähnlich lustig und zottelig. Durch einen Torweg hindurch führt eine schmale Gasse, gesäumt von hohen, fast fensterlosen Häusern, zunächst auf einen freien Platz mit einem Brunnen. Frisches Wasser sprudelt da als Labsal für Mensch und Tier, aber gleichzeitig auch zur Körper- und Geschirrpflege. Durch einen weiteren Torbogen biegt der Weg nach rechts ab, an vielen, vielen Gebetsmühlen vorbei - und schon ist man am Ende von Kagbeni. Hier fällt der schmaler werdende Pfad steil ab in das Kali Gandaki-Tal, das sich breit nach Norden hin ausdehnt.

Die Nachmittagssonne läßt das graue Kieselbett leuchten, dem die vielen, schmalen Wasserarme eine seltsam gewundene Streifung geben. Weit in der Ferne liegt am Westufer der kleine Ort Tingri, ähnlich oasenartig abgegrenzt wie Kagbeni. Darüber, und nur mit einem Fernglas zu erkennen, befinden sich die Ruinen eines Klosters.
Ich bin ganz allein hier und genieße die Ruhe dieses archaischen Bildes aus Steinen und Wasser, nur belebt von ein paar grünen Feldertupfen und Tieren, die sich gemächlich als kleine, schwarze Punkte durch das Flußbett bewegen.
Ich würde gern noch länger hier verweilen, aber jetzt, in der Zeit des frühen Abends, versammeln sich normalerweise die Mönche zum gemeinsamen Gebet im Kloster. Das möchte ich nicht

*versäumen, und mit Hilfe eines kleinen, aufgeweckten Jungen, der sogar einige Wörter Englisch spricht, finde ich schnell dorthin. Doch das große Eingangstor zur Gompa ist verschlossen, und weit und breit ist niemand zu sehen.*

*Aus den nahen umliegenden Häusern höre ich das Lachen von Frauen, begleitet von einem scharrenden Geräusch. Sicherlich waren diese niedrigen Häuser ehemals Mönchswohnungen, doch heute sehen sie verlassen und ziemlich verwahrlost aus. Ich bin neugierig geworden und schaue durch ein kleines Fensterloch in das Innere.*

*Frauen sind dabei, einen Raum wieder herzurichten und verputzen gerade die Wände. Das tun sie mit bloßen Händen und einem Lappen. Fröhlich klatschen sie das Kalk-Sand-Gemisch gegen die Mauer und verreiben es dann zu einer wellig-hügeligen Fläche. Kinder wuseln dazwischen herum, spielen auch Verputzen, wobei sie alles treffen, nur nicht die Wände; doch das stört niemanden.*

AUS DEN NAHEN UMLIEGENDEN HÄUSERN HÖRE ICH DAS LACHEN VON FRAUEN

*Mein Gesicht, das ihnen da so plötzlich durch die Fensterluke zusieht, scheint eine willkommene Abwechslung. Sofort lassen die Frauen alles fallen, drängen sich neugierig zusammen - und bestaunen jetzt mich! Wie soll ich ihnen nur begreiflich machen, daß ich den "Schlüssellama" suche? Nun, Lama vesteht hier jeder, sie auch. Aber wo er ist, das wissen sie nicht, wo der Schlüssel sonst noch sein könnte, auch nicht. Dazwischen gibt es immer wieder fröhliches Gekicher, wenn die Frauen endlich begriffen haben, was ich mit meiner gestenreichen Sprache meine. Ich frage wieder und wieder nach dem Schlüssel; einer muß ihn doch haben!*

*Da stecken sie ihre Köpfe zusammen, tuscheln und lachen, bis schließlich eine näher zu mir herkommt und mit einem allgemein bekannten Zeichen unmißverständlich klar macht, daß man für den Schlüssel zunächst einmal dem Lama zu Willen sein muß. Das verschlägt mir nun doch die Sprache! Die Frauen wollen sich schier kaputtlachen, und ich weiß in diesem Moment nicht, was sie mehr erheitert, mein verdutztes Gesicht oder der Spaß, den sie sich da ausgedacht haben.*

Blick nach Norden in das breite Bett des Kali Gandaki.

*Noch in der nächsten Gasse höre ich ihr fröhliches Gekicher. Weiß leuchten die Häusermauern jetzt in der Abendsonne. Über manchen Türen sind Geisterfallen aus Tierschädeln, bunten Fäden und Gebetstäfelchen angebracht. Sie sollen alles Böse von den Bewohnern fernhalten. Mitten durch die Hauptgasse führt ein schmales Rinnsal, an dem einige Frauen beieinander-hocken und Geschirr spülen.*

DER LAMA HOCKT BETEND ZWISCHEN ZWEI RIESIGEN GEBETSMÜHLEN, DIE SICH QUIETSCHEND IN HEILIGEM GLEICHMUT DREHEN.

*Oben aus der kleinen Gompa über dem Torbogen dringt das vertaute Murmeln eines betenden Mönchs zu mir herunter. Dieser getragene Singsang erinnert mich immer seltsam intensiv an meine erste Reise durch Tibet. Ich schicke meinen kleinen Führer mit einem Dalai Lama Foto die steile Treppe hinauf, wohl wissend, daß Mustang in der Hauptsache einer anderen Schulrichtung angehört als die Anhänger des Dalai Lama.*

*Schon immer war Mustang ein bedeutendes Zentrum der Sakyapa, deren Hauptkloster in Zentraltibet südlich von Lhasa liegt. Der Großlama dieses Klosters wurde einst von den Mongolen als Herrscher über Tibet eingesetzt, Mustang entwickelte sich während dieser Zeit zum einflußreichen, westlichen Stützpunkt der Sakyapa. Mitte des 13. Jahrhunderts entstanden bedeutende Klöster hier in Mustang, die heute noch existieren. Die Sakyapa-Schule, auch als erster reformierter Rotmützen-Orden bezeichnet, weist gewisse Parallelen zur Gelugpa-Schule auf, deren geistiger Führer der Dalai Lama ist. Der Titel des Dalai Lama, was übersetzt "Ozean der Weisheit" heißt, wurde erstmals im 16. Jahrhundert vom Mongolenfürsten Altan Khan an die dritte Inkarnation der Gelugpas verliehen. So schließt sich der Kreis von Herrscher und Titel, von Rotmützen- und Gelbmützen-Orden, als schließlich im 17. Jahrhundert der Fünfte Dalai Lama als weltlicher und geistlicher Herrscher Tibet regiert.*

*Da winkt mein kleiner Führer, ich solle heraufkommen. Der Lama hockt betend zwischen zwei riesigen Gebetsmühlen, die sich quietschend in heiligem Gleichmut drehen, immer wieder angestoßen durch rhythmische Bewegungen des alten Mannes. Er lächelt mich an, und ich sehe*

Im "Red House" von Kagbeni gibt es noch mehr Schätze zu entdecken.

*ihm eine Weile zu, ebenfalls hockend an die Wand gelehnt, bis mir die Beine einschlafen. Beim Weggehen bekomme ich noch seinen Segen. Dabei legt mir der Lama seine Hände auf den Kopf und bedeutet mir, bei ihm das Gleiche zu tun.*

*Irgendwie fröhlich balanciere ich die steile Treppe wieder hinunter und meine zu wissen, daß noch eine positive Überraschung auf mich wartet. Fast stoße ich an der Häuserecke mit zwei jungen Leuten zusammen, Deutsche, die gerade von Muktinath kommen.*
*Wir erzählen so dies und das - unterwegs bin ich immer ungeheuer neugierig- und so erfahre ich auch von ihnen, daß sie im "Red House" eine Bleibe für die Nacht gefunden haben. Ob ich es*

*denn nicht kennen würde, das Guest-House mit der wunderschönen Privat-Gompa! Dann solle ich sofort mitkommen, meinen sie, bevor es dunkel wird.*
*Gern folge ich ihnen in einen geräumigen Innenhof, eine hohe Treppe hinauf in den ersten Stock, und schon stehen wir mitten im gemütlichen Gastzimmer.*
*Da sind auch die Franzosen, hocken um einen langen Tisch und bestaunen die Schätze der Hausfrau, Ketten in allen Größen und Materialien.*

**ALLES ÜBERZOGEN MIT DEM GRAUEN STAUB DES ALLMÄHLICHEN VERGESSENWERDENS.**

*Gleich links durch eine schmale Tür tritt man in den eigentlichen Altarraum, der an der Stirnseite von einer riesigen Buddhastatue beherrscht wird. Eingehüllt von Brokat und vielen, vielen weißen Khatagschleifen, den Zeichen der Ehrerbietung und Würdigung, erhebt sich über der 4 Meter hohen Skulptur eine mächtige Aureole, deren mittlerer Abschluß der gehörnte Urvogel Khyung ist. Er wird auch als ein Zeichen der alten Bon-Religion angesehen.*
*Rechts vor der Wand auf einem Sockel gibt es noch einige kleinere Statuen aus Bronze oder Ton, ebenso verschiedene Ritualgegenstände für religiöse Zeremonien - alles überzogen mit dem grauen Staub des allmählichen Vergessenwerdens.*

*Eine Tür weiter befindet sich nochmals ein kleiner Tempelraum, der aber jetzt als Speicher dient. Vor mir türmen sich Eierkisten und Säcke mit Mehl. Doch als sich die Augen an die Dunkelheit des Raumes gewöhnt haben, erkenne ich an den Wänden kunstvoll ausgemalte Fresken. Neben der Darstellung der Lokapalas leuchtet auf dunkelblauem Untergrund in feinster Linienführung die Triade der "Gottheiten des langen Lebens": Sitatara, eine Erscheinungsform der weißen Tara, populärste Göttin und Schutzpatronin der Mongolei, mit dem erblühten Lotos in der linken Hand - daneben die dreiköpfige Usnisavijaya, die auch den Beinamen "Mutter aller Buddhas" trägt und als eine der ältesten weiblichen Gottheiten des Lamaismus gilt - auf der linken Seite von Sitatara der transzendente Buddha Amitayus, das unermeßliche Leben, eine gekrönte Erscheinungsform Amitabhas mit roter Körperfarbe und goldglänzendem, königlichen Schmuck. Die Freskenwand ist noch vollständig, ohne erkennbare Restaurierungen, erhalten. Die Malereien mögen wohl aus dem 14. oder 15. Jahrhundert stammen, versichert mir die Hausherrin, aus der Zeit also, als dieses Haus von einem reichen Mann gebaut wurde. Wer weiß, vielleicht gehörte er der Herrscherfamilie an oder war ein erfolgreicher Händler?!*

*Froh, mitten im Gassengewirr von Kagbeni noch in letzter Minute einen solchen Schatz gefunden zu haben, mache ich mich auf zu unserem Viehpferch. Es ist inzwischen dunkel-dämmrig, und ein kalter Wind bläst das Kali Gandaki Tal herauf. Die Zelte sind jetzt aufgebaut, und eingemummelt in unsere dicken Jacken hocken wir auf den Campingstühlchen vor unseren grünen Behausungen.*

*Wir warten auf das Abendessen, plaudern und berichten von unseren nachmittäglichen Erlebnissen. Der Wind wird stärker, zerrt an den Zeltschnüren und treibt den Staub in jede Ritze. Die Sonne ist längst hinter den dunklen Felswänden verschwunden; es ist eisig kalt. „Habt ihr nicht eine Flasche Whisky im Sack?" fragt Horst scheinheilig. Kurz zuvor wollte er noch dem Alkohol abschwören. „Ja, haben wir, sogar zwei!" Eine ist für den König - ich hatte vor der Reise erfahren, daß er sich darüber freuen würde - und eine für uns, als Medizin, versteht sich und*

*für solche Gelegenheiten wie diese. Jeder bekommt einen Schluck für das "Du" und dann noch einen auf eine gute, gemeinsame Reise, denn wir sind der Überzeugung: Wir sind eine prima Gruppe!*
*Das Abendessen wird unter dem kleinen Viehunterstand serviert, weil das Eßzelt wegen der starken Winde als Küche dient.*
*Zuerst riecht es noch nach Mist, dann mit flackernder Lampe nach Kerosin, schließlich nach Knoblauchsuppe, nach der man richtig süchtig werden kann. Als Beilage gibt es Popkorn.*

## 4. Tag - "Himmelsbestattung" in Tingri

*Punkt 5.30 Uhr wache ich auf. Die Nachtwinde haben noch mehr Staub in unser Zelt geblasen, wir sitzen mitten im Dreck und genießen den early morning tea. Um die Augen herum bin ich etwas verschwollen, das Übliche, ich kenne das schon von anderen Reisen. In der Höhe reagiere ich am Anfang immer so; ich werde mir deshalb heute abend ein höheres Polster unter den Kopf basteln.*
*Schon um 7.30 Uhr sind wir unterwegs, wollen noch den kleinen Ort Tingri mit seinem Kloster auf der westlichen Flußseite besuchen und dann weiter nach Chhusang wandern. So früh am Morgen ist die Luft wieder von dieser eigentümlichen gläsernen Klarheit, die die Konturen scharf zeichnet und doch alles seltsam unwirklich erscheinen läßt, die unendlich Fernes nah heranrückt und trotzdem ein distanziertes Bild entstehen läßt.*

*Ein schmaler Weg führt steil in das Flußbett hinunter, das wir jetzt in seiner ganzen Breite durchqueren müssen. Gott sei Dank gibt es hier eine wenn auch wackelige Holzbrücke über den Hauptstrom des Kali Gandaki, der zwar an dieser Stelle nicht breit ist, aber dafür eiskalt!*
*Über die Holzplanken balancierend und dann über die großen Kiesel hüpfend, immer wieder ein Blick zurück auf Kagbeni, das sich, so meine ich, hier von seiner schönsten Seite zeigt - weiß-rot-grau-braun, harmonisch, selbstverständlich, vor der Schneekulisse des Nilgiri, mit einem Dach aus*

Über grünen Gerstenfeldern führt ein steiler Pfad zum Kloster von Tingri.

*blauem Himmel und fliegenden Wattewolken. Die anderen lachen, während ich, bäuchlings auf die Kiesel hingestreckt, versuche, dieses Bild nicht nur in meiner Erinnerung festzuhalten, sondern auch mit meiner Kamera.*

*Der Aufstieg zum Kloster von Tingri hat doch von unten gar nicht so steil ausgesehen! Schwitzend und ein wenig keuchend mühen wir uns bergauf. Nach sieben großen, zum Teil zerfallenen Lhatos führt ein schmaler Zick-Zack-Weg in rutschigem Schottergestein immer höher hinauf.*
*Lhatos sind gemauerte Gebäude unterschiedlicher Größe von quadratischem Grundriß. Rot gestrichen sind sie Sitz zornvoller Gottheiten, während sie in weißer Bemalung zur Einkehr und Wohnung der wohlwollenden Geister dienen.*
*Zum Schutz vor Dämonen werden sie zusätzlich mit Gebetsfahnen, Votivtäfelchen und Tiergehörnen geschmückt. Lhatos dürfen nicht mit den ihnen verwandten Chörten verwechselt werden, die von anderer Form sind und als symbolischer Reliquienschrein Buddhas gelten.*

*Auf halber Höhe lasse ich erschöpft meinen Rucksack zurück, in der Hoffnung, daß mit dem Inhalt niemand etwas anfangen kann.*
*Das Kloster muß von der Anlage her früher einmal sehr groß gewesen sein. Das jetzige Ruinenfeld überdeckt die gesamte obere Kuppe des Berges. Ich steige zwischen dem alten Gemäuer herum, nicht wissend, ob die bröckeligen Lehmdecken und die ohne Mörtel aufeinandergesetzten Steine mich aushalten.*

UNENDLICH VIELE MANISTEINE GLÄNZEN IN DER SONNE.

*SNELLGROVE hat 1956 in diesem Kloster die Anwesenheit von sechs Nonnen erwähnt; wir sind jedoch heute morgen hier die einzigen und finden leider auch niemanden, der uns den einzigen noch erhaltenen Tempelraum aufschließen könnte. Wenngleich das Tingri-Kloster nurmehr eine Ruine ist, so doch eine äußerst malerische! Unendlich viele Manisteine glänzen in der Sonne, und riesengroße, zum Teil figural beschnitzte Tafeln lehnen als Mauer gegen die Tempelwand.*

*Eingehüllt in die lichtdurchflutete Stille dieses Morgens genieße ich den Ausblick von hier oben über das breite Bett des Kali Gandaki, der sich tief durch die graubraunen Felsen gegraben hat. Worauf mögen wohl die Geier warten, die da in der Ferne mit sanften Schlägen über dem Fluß kreisen?*

*Als wir fast wieder unten sind, kommt uns atemlos der Dorflehrer entgegengelaufen.
Er schwingt den Schlüssel für die Gompa. Aber keiner verspürt mehr Lust, den steilen Weg nochmals hinaufzusteigen. Es tut ihm leid, daß es so lange mit dem Schlüssel gedauert hat, meint er, aber die Beschaffung habe ihm einige Schwierigkeiten bereitet.
Im Dorf gäbe es einen Toten, und der einzige Lama, der oben das Kloster betreut, leite mit den anderen Mönchen aus Kagbeni die Totenzeremonien, die gerade in vollem Gange seien. Jetzt weiß ich also auch, warum ich gestern abend niemanden im Kloster von Kagbeni angetroffen habe!
Komplizierte, langwierige Riten begleiten den Toten während des 49 Tage dauernden Bardos, beim Wandern durch das Zwischenreich. Der Verstorbene wird bis zu seiner Bestattung mit Rezitationen aus dem Bardo Thödol, dem Tibetischen Totenbuch, von einem oder mehreren Lamas betreut.*

*Der Lehrer berichtet weiter, daß er hier mit seinen etwa dreißig Schülern warte, um später den Totenzug hinunter zum Fluß zu begleiten. Dabei zeigt er auf einen schäbigen, hölzernen Armlehnstuhl, der da verloren mitten auf dem Weg steht. Mit diesem Stuhl soll der Tote dann zum Bestattungsplatz getragen werden.
Wie an vielen Orten im Himalaya wird auch hier die "Himmelsbestattung" praktiziert, wobei der Leichnam in Stücke geteilt den Geiern zum Fraß gegeben wird. Ob wir dem Ritual beiwohnen dürfen? Bereitwillig läßt der Lehrer durch einen Verwandten des Toten bei einem Lama nachfragen, von dem wir schließlich eine positive Antwort erhalten. Aber es würde noch eine Weile dauern, meint er, und so beschließen wir, weiter unterhalb des Dorfes am Flußufer zu warten. Doch es vergeht Stunde um Stunde. Der Himmel deckt sich mit drohenden dunklen Wolken zu, es wird kalt. Ich gehe mit Horst ins Dorf zurück, um herauszufinden, wie lange die Vorbereitungen noch dauern.*

*Aber nichts ist schwieriger in den entlegenen Ländern des Himalaya, als genaue Maß- und Zeitangaben zu bekommen, die für uns so selbstverständlich sind. Kilometer und Stunden haben hier keine oder eine andere Bedeutung. So vergeht nochmals eine halbe Stunde, die wir plaudernd mit dem Dorflehrer verbringen.*
*Er kommt aus Kathmandu und tut, wie die meisten seiner Kollegen hier in Mustang, zunächst einmal für zwei Jahre Dienst; allein der höhere Lohn ist verlockend. Wegen der Totenfeier ist heute schulfrei, und eine ganze Schar von Buben und Mädchen drängt sich um uns, neugierig und doch zugleich scheu, wobei sie sich ständig gegenseitig anfeuern, mit irgendwelchen Späßen unsere Aufmerksamkeit auf sich zu lenken. Die Kinder müssen hier außerhalb warten, dürfen nicht in das Totenhaus, aus dem jetzt plötzlich der dunkle Klang von Becken hallt.*
*Der Tragstuhl wurde inzwischen mit roten und gelben Tüchern geschmückt; Jungen mit an Stöcken wehenden Thangkas stellen sich daneben auf. Ein alter Mann bringt auf einem Tablett Tormas und Tsha-tshas, das sind Opfergaben. Zwei junge Mönche blasen Posaune, ein anderer schlägt die große Stieltrommel.*

*Der würzige Geruch von brennendem Wacholder legt sich über das Gäßchen, das in kurzer Zeit ein seltsam feierliches Aussehen annimmt. Aus dem Haus kommen jetzt drei in die typische Tracht des Himalaya gekleidete Frauen mit ihren langen, dunklen Röcken, den gestreiften Schürzen und einem wunderschönen Kopfschmuck, wie wir ihn in ganz Mustang nicht mehr sehen werden. Ganz ähnlich dem Perak in Ladakh und Westtibet tragen sie ein mit großen Türkisen und Goldkästchen geschmücktes dickes Stoffband auf dem Kopf, das über den Nacken wie eine Schlange bis auf den Rücken fällt. Die weiten Umhängetücher werden von handtellergroßen, fein ziselierten Silberspangen zusammengehalten, auf denen zwei sich gegenüberstehende Pfauen dargestellt sind. Schon Tucci ist in der Region Kagbeni dieser ganz spezielle Schmuck aufgefallen, als er 1952 durch Mustang reiste.*
*Den drei Frauen folgt betend der Oberlama mit Glocke und Donnerkeil in den Händen. Hinter*

Auf dem Weg zu einer Himmelsbestattung.

*ihm kommen zehn Männer, einer von ihnen trägt auf dem Rücken den Toten, der von einem blauen Tuch verhüllt ist. Ein anderes großes Tuch wird jetzt wie eine Wand um den Tragstuhl herumgespannt, hinter der die Männer den Toten für seinen letzten Gang schmücken. Als das Tuch schließlich wie bei einer Skulpturenenthüllung fortgezogen wird, erkennt man auf dem Stuhl eine hockende Gestalt, in feinen Brokat gekleidet, auf dem Kopf die fünfteilige Krone, über und über behängt mit weißen Khatagschleifen als Zeichen der Ehrerbietung.*

*Vier Männer heben den Stuhl mit dem Toten auf ihre Schultern, und langsam bewegt sich der Trauerzug, dem sich jetzt alle Umstehenden anschließen, den schmalen Weg hinunter zum Fluß. Das ging alles sehr leise vor sich, und nur der dumpfe Klang der großen Trommel erfüllte die feierliche Stille. Doch jetzt setzen wieder die Posaunen ein, der alte Mann schlägt kräftig seine Faßtrommel, die Becken der jungen Mönche verbreiten ihren schaurig-dumpfen Klang, und die bezahlten Klageweiber jammern und kreischen in den höchsten und schrillsten Tönen.*

*An verschiedenen Stellen des Weges stoppt der Zug. Der Oberlama segnet alle Beteiligten und drückt jedem ein Stückchen Butter in die Haare. Eine der Frauen hält dafür ein fein gearbeitetes Buttergefäß bereit. Etwas abseits steht ein junger Khampa, mit leuchtend roten Bändern im schwarzen Haar. Sein Gesicht ist voller Trauer.*

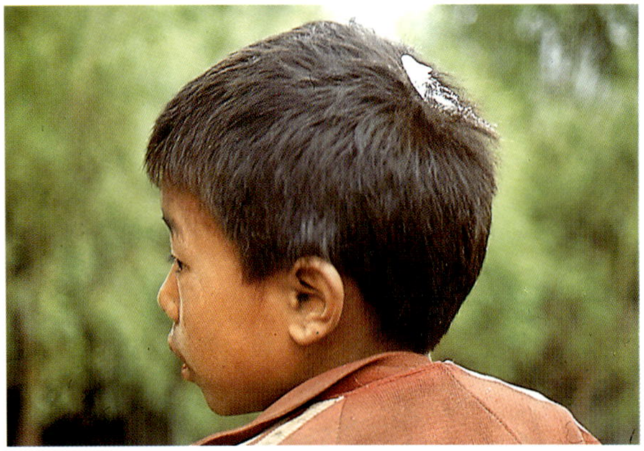

DER OBERLAMA SEGNET ALLE BETEILIGTEN.

*Gemeinsam mit allen anderen gehen wir zum Flußufer hinunter, eingeschlossen in diese Szenerie, seltsam ergriffen, befremdet, und doch auch mit allem vertraut. Frauen und Kinder müssen an der Uferböschung zurückbleiben; wir Fremde dürfen mitgehen. Und in diesem Moment weiß ich nicht, ob das eine Auszeichnung oder eine Herabstufung bedeutet.*

*Der Totenstuhl wird bis in die Mitte des Flußbettes getragen, an einen dafür ganz bestimmten Platz. Der letzte Teil der Bestattung geht dann sehr schnell vor sich. Der Leichnam wird entkleidet, mit einem großen Hackmesser nach einem vorgeschriebenen Ritus zerteilt und den Geiern zum*

*Fraß vorgelegt. Sie kreisen dort oben, weit über uns, vor einem schwarzgrauen Himmel. Haben wir sie nicht schon vom Kloster aus gesehen, heute morgen ? Sie müssen es lange vor uns gewußt haben, das mit dem Toten...*

*Im gesamten tibetischen Kulturraum, wozu ja auch unbedingt Mustang zählt, ist diese Art der Totenbestattung, die sogenannte "Himmelsbestattung", üblich. Ganz einfache Gründe hierfür kann man in den natürlichen Gegebenheiten der Landschaft sehen. Im höher gelegenen Siedlungsgebiet des Himalaya ist der Boden meist nur drei Monate im Jahr frostfrei und daher ein Begraben in der Erde gar nicht möglich. Für eine Verbrennung fehlt das Holz, das bei dem äußerst spärlichen Bewuchs des Landes ungeheuer kostbar ist. Nur hohe Lamas werden verbrannt. Ihre heilige Asche wird, vermengt mit Lehm oder Ton, zu Tsha-tshas geformt, die man dann an wiederum heiligen Orten niederlegt.*
*Tsha-tshas werden mit eigens hierfür bestimmten Modeln gefertigt, die unterschiedliche Formen und Motive zeigen, wie z. B. Chörten oder als Halbreliefs Abbilder von Buddhas, Heiligen und Schreckensgottheiten. Die alten Modelformen sind sehr kostbar, meist aus Bronze gegossen, seltener in Stein ausmodelliert. Gut verschlossen werden sie von den Mönchen im Kloster aufbewahrt.*

*Viele dieser Plätze für die "Himmelsbestattung" habe ich schon in den Ländern des Himalaya gesehen, aber noch keiner Zeremonie so unmittelbar beigewohnt wie hier in Tingri, wo mir die Verehrung des Toten auf der einen Seite, die Vergänglichkeit des menschlichen Körpers auf der anderen Seite so sehr bewußt gemacht wurde. Wie einen König hat man den Toten aus dem Haus getragen, in Stücke zerteilt wird sein toter Körper dann den Geiern vorgelegt, so dem Lebendigen aber auch wieder zurückgegeben. Der Kreislauf hat sich geschlossen.*

*Gegenüber von Tingri klettern wir einen schmalen Pfad am Steilufer hoch. Die Steine sind brüchig, spitz, und zum Teil ist der Auftritt kaum fußbreit. Ein Ausrutscher könnte grausame Folgen haben, denn der Hang fällt fast senkrecht zum Fluß hin ab. Überlegungen, ob sich diese Abkürzung*

*gelohnt hat, sind sinnlos. Wir hängen in den Felsen und müssen weiter. Längst habe ich meine Tasche samt Fotoapparat an Wangchu weitergegeben; so balanciere ich von einem Tritt zum anderen und wäre manchmal dankbar für mehr Hände zum Festhalten.*
*Was passiert wohl, wenn jemand hier nicht schwindelfrei ist? Nach einer halben Stunde liegt das gefährlichste Stück hinter uns. Elke hat sich lediglich eine Schürfwunde eingehandelt.*

*Wir wandern jetzt hoch über dem östlichen Steilufer. Eine dichte graue Wolkendecke verhüllt den Himmel, und im Tal werden Nebelschwaden von einem grausam stürmischen Wind in Fetzen gerissen. 3800 Meter sind wir hoch, vor uns erstreckt sich eine weite Hochebene, braun, und wie besäht mit runden, niedrigen Dornbüschen. Gott sei Dank bläst der Wind von hinten! Das Gehen wird fast mühelos mit diesem luftigen Antrieb - bis wir zu einem Steilabfall kommen. Drüben auf der anderen Seite des Taleinschnittes, hoch oben auf der Felsterrasse: die Häuser von Tangbe - und hoffentlich auch unser Koch, der sicher schon lange mit dem Essen auf uns wartet. Eine Brücke wäre die Lösung! Wie oft werde ich das noch denken auf unserem langen Weg durch Mustang! Und ich mag gar nicht hinsehen zu dem Pfad, der sich da irgendwo in der Tiefe des Tales verliert, um sich auf der anderen Seite genauso steil wieder hochzuquälen. Gleich am Anfang des kleinen Ortes Tangbe haben unsere Träger mit Kreide weiße Pfeile auf die Steine gemalt, damit wir schneller zu ihnen finden. Aber eigentlich will ich sie jetzt gar nicht so schnell finden! Tangbe ist einfach zu malerisch, um nur hindurchzueilen zu einem ohnehin wahrscheinlich längst kalt gewordenen Mittagessen.*

*Harmonisch in ihrer architektonischen Selbstverständlichkeit fügen sich die Häuser rechts und links des Hauptgäßchens zu einer bunten Reihe mit der für ganz Mustang so typischen Weiß-Rot-Streifung. Ein breites Band aus braunem Reisig, Holz und Wurzeln markiert den Abschluß der Flachdächer, die meist in den Sommermonaten als Terrasse und Trockenplatz benutzt werden.*

Wie ein ausgetrocknetes Bächlein wirkt der Weg durch die schmalen, bunten Gassen von Tangbe.

*Oder gerade jetzt als Ausguck von einem neugierigen Gockel. Weiße Gebetsfahnen flattern an hohen Stecken im Wind. Drei Chörten in Schwarz, Weiß und Rot schmücken das Dach der kleinen Gompa. Sie könnten, ähnlich wie in Ladakh, in dieser ganz bestimmten, überall in Mustang wiederkehrenden Farbgebung, den drei beliebtesten Bodhisattvas gewidmet sein: Vajrapani, Avalokitesvara und Manjusri, oder aber, wie es in den tantrisch-buddhistischen Texten zu lesen ist, die heilige Dreiheit des Buddhismus (Trikaya) symbolisieren: Körper = Weiß; Rede = Rot; Geist = Blau oder Schwarz.*
*Rechts und links des Weges schichten sich dicke Kiesel die Hauswände hoch, fast könnte man meinen, durch ein trockenes Flußbett zu gehen. Neugierig schaut ein Junge um die Ecke, doch sonst ist niemand zu sehen. Sie sind alle draußen auf ihren Gerstenfrühlingsfeldern oder bei den Ziegenherden. Tangbe wirkt wie ein verlassenes Dorf aus vorigen Jahrhunderten, fremd, und doch in all seiner zerbröckelnden Buntheit seltsam reizvoll.*

*Es ist schon später Nachmittag, als wir an den eingesteinten, grünen Feldern von Tangbe vorbei nach Chhusang weiterwandern. Apfelbäume blühen hinter dem Schutz hoher Mauern.*
*Der Ort Chhusang wird von drei verschiedenen Dörfern gebildet, die auf der Karte mit Tzug, Chhomnang und Tetang angegeben sind. Tzug liegt an der westlichen Seite des Kali Gandaki, Chhomnang an der östlichen und Tetang ein Stück weiter flußaufwärts am Narsing Kola. Bevor man Chhusang erreicht, sieht man schon von weit auf der linken Seite Reste einer großen Klosteranlage, die sich hoch über dem Flußufer ausbreitet. Chörten markieren einen Weg dorthin, der sich aber im steilen Hang verliert, so daß man den eigentlichen Zugang nicht entdecken kann. Kaum zählbare Höhlen zerlöchern das Felsgestein rund um das Klostergebäude.*
*Im ersten der drei Dörfer von Chhusang lasse ich nachfragen, ob die Höhlen heute noch in Funktion sind und wer ihre einstmaligen Baumeister waren. Sie seien alle verlassen, erzählen die*

Dorfbewohner. Früher hätten sie wohl Mönchen als Behausung gedient, die sich oft für Jahre zurückzogen, um einsam in Meditation zu leben. Aber keiner weiß Genaues zu sagen; es sind alles nur Vermutungen. Auch kennt niemand die Baumeister. - Ich meine jedoch, die Anzahl der Höhlen ist zu groß, um nur von meditierenden Mönchen genutzt worden zu sein. Wenn es aber dennoch so gewesen wäre, müßte die gesamte Anlage eine riesige Klosterstadt gewesen sein. Doch wer und was soll die vielen Bewohner ernährt haben?
Die blanken Felsen, die gerade jetzt so romantisch vielfarbig in der Abendsonne leuchten, waren sicherlich auch zu früheren Zeiten grausam karg und ohne jede Bodenkrume!
Das Kloster selber, das die Leute von Chhusang Kang Gompa nennen, ist ebenfalls verlassen. Der einzige Mönch, der es bisher betreut hat , ist vor zwei Monaten gestorben. Auf mich übt diese Klosteranlage dennoch einen faszinierenden Reiz aus...vielleicht auf dem Rückweg?

Inmitten der Dorfbewohner, die uns aus einiger Entfernung betrachten, fällt mir zwischen all den vor Schmutz schwarzen Gesichtern ein mehr oder weniger weißes auf, ein Mann von vielleicht fünfundzwanzig Jahren. Ich bitte Pushpa nachzufragen, woher er kommt, weil er mein Englisch nicht verstanden hat und ich wissen möchte, ob er sich zu Studienzwecken hier aufhält. Pushpa unterhält sich eine Weile mit ihm, dreht sich dann lachend zu mir um und meint: „Er ist ein Originaleinwohner von Chhusang." Mit den Augen zwinkernd fügt er hinzu: „Da hat wohl ein weißer Mann ein Geschenk hinterlassen!"

## 5. Tag - Mein kleiner Freund in Ghyakar

Schon gegen 7.30 Uhr haben wir alles gepackt, sind fertig zum Aufbruch. Einige der Träger sind inzwischen fort, die anderen schnüren noch kunstvoll ihre Last zusammen, helfen sich gegenseitig beim Beladen, bis das Stirnband richtig sitzt, an dem das ganze Gewicht hängt. Einer von ihnen, und er ist nicht der Kräftigste, trägt drei unserer Seesäcke, dazu noch Matten und Decken. An den Füßen hat er nur dünne Leinenturnschuhe.

*Unser Zeltplatz liegt noch in der Morgenkühle der hohen Häusermauern, die ihn umgeben. Ich habe das Gefühl, hier auf dem Versammlungsplatz des Dorfes gelandet zu sein; es finden sich immer mehr Menschen ein. Sie alle sind neugierig, schauen scheu oder belustigt oder staunend auf unser Tun. Etwas abseits steht eine großgewachsene Frau mit einem schönen Gesicht. Sie hat ein grobes Wolltuch um die Schultern gelegt. Stolz, vornehm, liebenswürdig... zwischen all diesen Steinen.*

*Wir klettern über die Schutzwälle der Felder, springen über die kunstvoll angelegten Bewässerungskanäle und stoßen dann auf einen schmalen Pfad, der sich nördlich von Chhusang in den steilen Hang schmiegt. Ich vermute, daß das nicht der Hauptweg ist und schiele sehnsuchtsvoll in das tief unter uns liegende Flußbett, wo man sicherlich viel bequemer gehen würde. Auf dem lockeren Gestein kann ich mich kaum halten und bin froh, wenn ein Abrutscher nur einen Meter mißt. Doch dafür hat man von hier oben einen traumhaften Rückblick auf den Ort Chhusang, der wie ein grüner Terrassenbalkon über dem Fluß thront.*

*Vor uns liegt jetzt das Dorf Ghyakar oder Chelegaon auf der anderen Seite, ebenso hoch, ebenso steil, ebenso malerisch. Das bedeutet wieder einmal absteigen - und wieder aufsteigen! Gefährlich abschüssig führt unser Weg hinunter in das Flußbett, wo eine schmale Eisenbrücke wildschäumendes Wasser überspannt und wir nur so trockenen Fußes auf die andere Seite gelangen können, um dann von hier aus auf einem engen Zickzackpfad nach Ghyakar hochzuklettern.*

*Der Hang liegt jetzt in der vollen Sonne, und schon nach hundert Metern ziehe ich meinen Pullover aus, Bluse und Daunenweste reichen, wobei die Weste den Rücken wunderbar gegen die schon wieder heftig blasenden Winde schützt. Am Ortseingang sind viele, viele Weiden neu gepflanzt. Ihr frisches Grün belebt die ockerfarbenen Felsen. Auch hier in Mustang ist das Bemühen um Aufforstung an vielen Orten deutlich sichtbar.*
*Drei kleine Buben hocken am Rand der äußersten Felsnase, die sich unterhalb der ersten Häuser in das Flußbett schiebt. Sie fällt jäh nach drei Seiten hin ab. Mit Schrecken schaue ich in ihre*

*luftige Höhe, und mit Schrecken schauen sie hinunter auf die fremde Frau, die sich ein bißchen schnaufend zu ihnen hochquält. Oben angekommen blicke ich in drei verzagte, schwarze, rotznasige Gesichter. Vor allen Dingen der Kleinste hat es mir angetan - er sieht unter der braunroten Kapuze wie ein kleiner, alter Mann aus. Lächeln hilft meist in solchen Situationen, beruhigende Worte ebenso, egal in welcher Sprache. Die kindliche Neugier tut dann ihr übriges. Nur Zeit muß man haben und Geduld.*
*So rede ich vor mich hin, setze meinen Rucksack ab und suche mir einen Sitzplatz auf einem flachen Stein. Das Ausruhen tut gut, und jetzt entdecke ich auch, welch traumhaften Ausguck sich die Kinder ausgesucht haben. Vor uns dehnt sich weit das graukieselige Flußbett, eingerahmt von steilen, ockerfarbenen Felsen. In der Ferne leuchten die Schneeberge, scharf gegen einen dunkelblauen Himmel.*

*Wenn man genauer zu den Felsen hinsieht, entdeckt man auch hier wieder auf der linken Seite des Flusses unendlich viele Höhlen, schwarze Mäuler im hellen Gestein. Die Frage will mich nicht loslassen: Wer hat diese Höhlen in die Felsen getrieben? Sicherlich, im gesamten westlichen Himalayaraum gibt es ähnliche Behausungen, z. B. im ehemaligen Königreich Guge. Aber nicht unbedingt in dieser Höhe! Hier in Mustang sind die Höhlen mitten in der steilen Felswand, das heißt nach unten dreißig bis fünfzig Meter, nach oben das gleiche Maß. Wie sind die Menschen dort hinaufgekommen? Selbst wenn sie exzellente Kletterer waren, was hat sie dazu bewogen, sich auf derart beschwerliche und gefährliche Art eine Wohnung zu bauen?*
*An Fluchtburgen vor heranrückenden Feinden, wie es in der Literatur zum Teil erwähnt wird, kann ich nicht glauben. Denn eine Flucht geschieht meist in größter Eile, und der Verfolgte hat kaum Zeit für derartig aufwendige Verstecke. Außerdem sind die Höhlen weithin für jeden sichtbar, und es ist ein leichtes, die Bewohner auszuhungern.*
*Was aber, wenn die Höhlen viel älter sind als bisher angenommen? Könnte es nicht sein, daß die Talsohle in damaligen Zeiten entschieden höher lag als heute und so die Höhlenwohnungen relativ bequem zu erreichen waren? Wenn man bedenkt, daß der Kali Gandaki eine Schlucht von*

*sechstausend Metern Tiefe gegraben hat, sind dreißig bis fünfzig Meter - und so hoch liegen die Höhlen meist - in recht kurzer Zeit von einem Fluß zu schaffen. Tausende von Höhlen gibt es in Mustang, und immer befinden sie sich am Rand eines Flußbettes und immer in dieser schwindelnden Höhe in steil abfallenden Felsen.*

*Während ich nachsinne, worüber sich viele schon den Kopf zerbrochen haben, öffne ich mit Bedacht meinen Rucksack. Für Kinder wie für Erwachsene ist das immer ein Ereignis. Und auch meine drei Kleinen warten voll Spannung, was für Wunderdinge ich da hervorzaubere. Längst ist ihre Scheu einer gesunden Neugier gewichen, und sie rücken sogar ein Stückchen näher zu mir hin. Ihre vom Wind geröteten und entzündeten Augen werden groß und rund - ungläubiges Staunen - ich habe drei kleine Plastiktierchen auf einen Stein gestellt, ein Pferd, eine Kuh und einen Hund. „Ihr dürft sie ruhig anfassen und in die Hand nehmen!" Die Kinder wissen gleich, was ich meine, und sofort sucht sich jeder "sein" Tier. Voll Stolz zeigen sie es sich gegenseitig immer wieder. Und dann hocken sie da im Staub, versunken in ihr neues Tierspiel.*

Am Ende des Dorfplatzes leuchtet eine Stele aus rotem Sandstein in der hellen Mittagssonne.

*Die anderen müssen schon längst in Ghyakar auf mich warten, und ich mache mich schleunigst auf. Aber ich habe da wohl einen kleinen Freund gefunden! Der Bub mit der Kapuze springt auf, läßt seinen neuen Schatz irgendwo in seinem zerrissenen Kittelchen verschwinden und legt seine kleine, schmutzige Hand in die meine. So gehen wir dann gemeinsam die schmale Gasse hoch, vorbei an dem Dorfbrunnen vor den drei Chörten, wo die Frauen dabei sind, Kupfer- und Messinggefäße mit feinem Sand blankzuscheuern, bis hin zu dem geräumigen, viereckigen Dorfplatz, wo man sich offensichtlich zum mittäglichen Schwatz eingefunden hat - die Großmutter, die auch ein Großvater sein könnte, mit dem Baby auf dem Schoß, die jungen Frauen, die einen ganzen Berg Aprikosenkerne zertrümmern, die drei Männer, die uns vorhin noch aus luftiger Dachhöhe beobachtet haben.Der Dorflehrer mit ein paar Schülern ist auch da. Am Ende des Dorfplatzes leuchtet eine Stele aus rotem Sandstein in der hellen Mittagssonne. Alte Schriftzeichen sind darauf eingemeißelt,*

Großmutter oder Großvater?

Mein kleiner Freund aus Ghyakar.

*aber niemand weiß sie mehr zu deuten. Es ist ein heiliger Stein, sagen mir die Dorfbewohner. Sein Dasein genügt ebenso wie das der vielen Manisteine, die im Hintergrund zu einer Mauer aufgeschichtet sind. Überall, nicht nur in Mustang, im gesamten buddhistischen Himalayaraum findet man diese Art Steine, millionenfach, als sichtbares Zeichen an die Götter, alle mit einem ganz eigenen Gesicht aus Bildern und Schriftzeichen. Der Lehrer führt uns dann auf unser Bitten hin noch bereitwillig in die kleine Gompa des Ortes. Der Altar ist äußerst ärmlich mit einer Figur des Avalokitesvara oder Chenresi, wie die Tibeter ihn nennen, geschmückt. Dieser Klosterraum dient gleichzeitig als Klassenzimmer für die angeblich dreißig Schulkinder.*

MANCHMAL WIRKT DIE SCHLUCHT WIE EINE TIEFE RISSWUNDE.

*Hinter Ghyakar steigt der Weg ziemlich steil an. Erbarmungslos brennt die Sonne von einem klarblauen Himmel. An windgeschützten Stellen blühen die niedrigen Dornenbüsche, gelbe Tupfen in einem Meer aus grauem Stein. Wir wandern jetzt auf einem schmalem Pfad an einer Schlucht entlang, die ein Nebenfluß das Kali Gandaki gegraben hat. Zweihundert, dreihundert Meter tief fällt die Felswand ab.*

*Wangchu zeigt mir die Geier, weit unten am Grund auf einem Felsplateau. Sie sind dabei, einen Leichnam zu verspeisen. Warum ist gerade dort in der Tiefe an schier unzugänglicher Stelle ein Bestattungsplatz?*

*Ich bin immer wieder froh, wenn die überhängenden Felsen ein wenig Schatten spenden und so zum Ausruhen einladen. Wobei man allerdings nie vor herabstürzenden Steinen sicher sein kann und ich mich schon deshalb nicht allzu lange dort aufhalte. Aber jetzt, ungefähr auf halbem Weg, liegt auf der anderen Seite der Schlucht, malerisch ausgebreitet vor ebenmäßigen Kegelbergen, ein Dorf mit nur wenigen Häusern, aber vielen, vielen Terrassenfeldern. Ich bin fasziniert von diesem Bild im Bild. Inmitten einer grandiosen Felslandschaft aus Rot und Gelb, Grau, Weiß und Blau - jetzt diese Berge, wie aus Sand hingerieselt, eine Körperlandschaft, harmonisch in Ebenmaß und Farbe, unwirklich fast in schlafendem Graugrün. Malen müßte man das, nicht fotografieren!*

Unwirklich fast, eine Landschaft im Spiel mit Formen und Farben.

*Ich würde so gern hier verweilen, einfach nur schauen. Aber wir haben noch eine weite Strecke vor uns, ständig bergan führend. Von schmalen, überhängenden Terrassen bieten sich schwindelerregende Ausblicke, zwingen mich doch immer wieder zum Anhalten. Manchmal wirkt die gewundene Schlucht wie eine tiefe, schwärende Rißwunde im Mantel der Erde.*
*Eine Pferdekarawane zieht fröhlich bimmelnd an mir vorüber, und ich muß staunen, wie geschickt die Tiere die treppenartig herausgewaschenen Steilstellen überwinden. Sie steigen da hinauf wie wir, nur mit vier Beinen.*

*Kurz vor Samar nochmals betörende Rückblicke auf die im hellen Sonnenlicht gleißenden Schneeberge. Wenn auch der Weg hier an der Schlucht entlang steil, schmal und nicht gerade ungefährlich war, freue ich mich trotz aller Anstrengung schon auf den Rückweg.*

DER GROSSVATER
HAT MICH SCHON BEMERKT.

*Mitten im rötlichbraunen Felsgestein liegt die Oase Samar in der Nachmittagssonne. In sanften Wellen fügen sich die Terrassenfelder in die vorgegebenen, natürlichen Linien der Landschaft. Und wieder ist es dieses Bild aus Formen, Farben und Strukturen, das mich ungeheuer anzieht und fesselt.*
*Unsere Träger sind schon lange vor uns angekommen, sogar unsere Zelte stehen schon - natürlich wieder in einem Viehpferch, geschützt von hohen Mauern. Gleich dahinter hat man den Bach in ein Rohr gezwängt, aus dem es gletscherkalt sprudelt. Eine Gelegenheit zum Haarewaschen?! Anschließend ist der Kopf wie betäubt, aber es war nötig nach all den Sandwinden! Außerdem trocknen die Haare schnell in der wärmenden Sonne. Beine und Füße sind dann auch noch dran, mehr geht nicht, weil man gleich eine ganze Schar von Zuschauern um sich hat, die bewundernd jede Bewegung beobachten. Unser Toilettenzelt hat es ihnen aber ganz besonders angetan. Und ich muß jedesmal lachen, wenn ich beim Herauskommen die unverhohlene Neugier in ihren Gesichtern sehe.*
*Während Usch, Horst und Elke über heimatliche Politik diskutieren, mache ich mich mit meiner Fototasche davon. Durch ein kleines Guckloch in der Mauer hatte ich in einen tiefer liegenden*

In diesem heimeligen Innenhof scheint die Zeit stehen geblieben zu sein.

Hof gesehen, ein Bild, wie es vor Jahrhunderten auch nicht anders ausgesehen haben mag - zwei alte Menschen bei der Arbeit. Er schnitzt an einem Pflug, sie wickelt Wolle auf eine Spindel.
Das schwere Eisentor läßt sich nur mit Mühe einen Spalt breit öffnen. Aber hier, hinter dieser Mauer, muß der Hof sein, den ich von oben entdeckt habe!
Vorsichtig schaue ich um die Ecke. Wenn ich auch keine direkte Angst vor Hunden habe, so ist es doch ratsam, sich als unbekannter Eindringling vor den rauhen, unberechenbaren Gesellen in acht zu nehmen, deren Sorte es überall im Himalaya gibt.

བཀྲ་ཤིས་བདེ་ལེགས།

"TASHI DELEG"

Der Großvater hat mich schon bemerkt und winkt mich herein. Statt des überall gebräuchlichen "Namaste" versuche ich bei ihm ein "Tashi deleg", das ist der tibetische Gruß. Als er das hört, strahlt er mich an - „Tashi deleg, Tashi deleg", ruft er, und ich solle doch neben ihm Platz nehmen. Richtig gemütlich ist es hier im Innenhof in der Nachmittagssonne.

Die Häuser in Mustang sind fast alle nach dem gleichen Schema gebaut. Meist gibt es zwei Stockwerke, das untere ist den Tieren vorbehalten, das obere den Menschen. Die Mauern sind nicht selten einen halben Meter dick, die Fenster dagegen klein, um möglichst wenig Kälte hereinzulassen, denn Glasscheiben gibt es so gut wie keine. Die Zwischendecken bestehen aus Reisig und gestampftem Lehm. Das Flachdach dient im Sommer als Terrasse und als Trockenplatz für Holz und Gemüse. Steile, absturzverdächtige Treppen, die mir stets Furcht einflößen, verbinden die Stockwerke. Manchmal sind es nur treppenartig ausgehöhlte Baumstämme. Mich wundert es immer, wie großzügig und geräumig die Häuser gebaut sind. Und zu jedem Haus gehört dann noch ein vorgelagerter oder integrierter Hof, der ebenfalls von dicken, hohen Mauern eingeschlossen ist und Menschen und Tieren Schutz bietet vor den grausam kalten Winden.

Während ich mich umsehe und dem alten Mann begreiflich mache, daß ich zwar Nichtraucherin bin, aber dennoch etwas für ihn in meinem Gepäck habe, daß ich ihm aber dagegen nichts von meinen blonden Haaren abschneiden könne, die er so gern hätte, höre ich jemanden hinter mir lachen. Hamal, unser Polizist, ist unbemerkt in den Hof geschlüpft und hat uns schon eine ganze Weile beobachtet. Er müsse doch auf uns aufpassen, meint er entschuldigend, und ich sei plötzlich

*verschwunden gewesen. Uns hat noch jemand beobachtet, oben aus dem Fenster schaut ein junger Mann, der aber jetzt mit Riesensätzen die Treppe heruntergesprungen kommt. „Hamal", ruft er, „Hamal", und mit Freudengejubel fallen sich die beiden in die Arme. Sie scheinen es nicht fassen zu können, schauen sich an, umarmen sich wieder. „Stell' dir vor", sagt Hamal lachend, „er ist mein bester Freund aus der Schule. Ich habe ihn so lange nicht gesehen, habe ihn ganz aus den Augen verloren - und jetzt hier in Mustang - I am so lucky following you!" Sein Gesicht glänzt vor Freude, beiden stehen die Tränen in den Augen. Ich bin richtig gerührt, würde die Freunde am liebsten auch umarmen. Aber sie sind schon fast die Treppe hoch, das Wiedersehen muß begossen werden. „Komm' mit uns", rufen sie, „wir wollen Chang trinken!" „Später, Hamal, zuerst muß ich dem Großvater etwas zu Rauchen holen!" Und damit lasse ich die beiden Freunde mit ihrer Wiedersehensfreude allein.*
*Vom nächsten Tag an, bis zum Ende unserer Reise, läßt Hamal es sich nicht nehmen, mir die Fototasche zu tragen.*

*Später dann sitzen wir alle zusammen im großen Wohnraum das Hauses beim Chang. Hamals Freund ist der Lehrer von Samar. Vor zwei Monaten hat er seine Frau aus Kathmandu geholt. Jetzt wohnt das junge Paar hier zur Miete. Sie scheinen sich gut mit dem Besitzer zu verstehen, der zugleich Dorfvorsteher ist. Immer wieder muß seine Frau die Kanne füllen, denn kaum hat man das Glas etwas geleert, wird gleich wieder nachgeschenkt. Auf einer Höhe von 3550 Metern, und das sind wir hier in Samar, macht sich schon eine geringe Menge Alkohol bemerkbar. Und wir wollen doch noch einen Rundgang durch das Dorf machen, bevor es dunkel wird!*

*Voll Stolz zeigt uns Hamals Freund dann die Schule. Siebzehn Schüler hat er, bei knapp einhundert Einwohnern. Schulpflicht besteht zwar, erklärt er uns, aber kein Schulzwang. Und so kommt, wer will. Das einzige Klassenzimmer ist notdürftigst ausgestattet: ein paar niedrige, halb kaputte Sitzbänke, zwei Demonstrationsplakate mit dem Alphabet, Blumen in Konservendosen.*

DIE ROTEN QUASTEN LEUCHTEN IM SCHWARZEN HAAR, DAS ER ALS ZOPF UM DEN KOPF GEBUNDEN TRÄGT.

*Schreibmaterial gibt es keines für die Kinder, das müssen die Eltern besorgen - nur wo? frage ich mich, in ganz Samar gibt es kein einziges Geschäft.*

*Oberhalb der Schule auf einem Hügel liegt das Klostergebäude. Fröhlich schnatternd und lachend zieht die ganze Kinderschar, die sich im Nu eingefunden hat, mit uns zur Gompa. Der Tempelraum selber wirkt sehr ärmlich. Vorn gibt es eine Art Altar mit sicher sehr alten Stuckfiguren, vermutlich aus dem 15. oder 16. Jahrhundert. In der Mitte die Darstellung Padmasambhavas, daneben zwei Schutzgottheiten. Staub deckt die bunten Farben zu, aber frische weiße Khatagschleifen zeugen von lebendiger Verehrung.*

*Auf dem Rückweg zu unseren Zelten ziehe ich den Kragen meiner Jacke hoch über die Ohren. Jetzt bläst ein eiskalter Wind von Süden her. Jeder strebt um diese Zeit einem warmen Plätzchen zu. Viele, viele Ziegen kommen mit ihren Hütekindern in das Dorf zurück.*

*Eine kleine Pferdekarawane, schwer mit Reissäcken aus Pokhara beladen, wird in einen Innenhof getrieben. Vor mir steigt ein Khampa vom Pferd, ein großer, stolzer Mann mit einem schönen Gesicht. Die roten Quasten leuchten im schwarzen Haar, das er als Zopf um den Kopf gebunden trägt. An seinem Gürtel blinkt sein kostbarer alter Schmuck. Er lächelt mich an, und nichts erinnert mich in diesem Moment an die wilden tibetischen Krieger, die einst vor den Chinesen aus ihrer Heimat in Osttibet geflohen sind, um hier in Mustang eine Widerstandsbewegung zu organisieren.*

## 6. TAG - DER KLOSTERRAUB VON GILING

*Hamals Freund verabschiedet uns mit herzlichem Händeschütteln. Jeder von uns hat einhundert Rupien für die Schule gespendet, außerdem haben wir Buntstifte und Papier für die Kinder dagelassen. Es ist ein herrlicher Morgen; der Wind schiebt weiße Wölkchen über den Himmel, und die Sonne wärmt um acht Uhr schon so stark, daß wir unsere dicken Jacken gleich wieder ausziehen.*

*Hinter Samar führt der Weg steil in ein schmales Flußbett hinunter, aber nur, um auf der anderen Seite, wie gewohnt, auf die gleiche Höhe wieder hochzuklettern.*

*Das Wasser hat hier die Erde so weggespült, daß regelrechte Stufen im Felsgestein entstanden sind.*

Gompa von Samar: Padmasambhava inmitten von Schutzgottheiten.

*Treppensteigen ist irgendwie anstrengender als normales Steigen, scheint mir, oder die Beine sind noch nicht richtig eingelaufen. Für die frühen Morgenstunden ist der Weg einfach zu steil, meine ich, und bleibe öfter im Schatten der überhängenden Felsen stehen, atme tief den Duft der Wacholderbüsche ein und schaue stolz zurück auf die Strecke, die ich schon bezwungen habe.*

*Fast oben angelangt, bimmelt die Pferdekarawane an mir vorüber, die ich gestern abend schon in Samar gesehen habe. Es ist wirklich lustig, wie geschickt die Pferde die Treppen hochsteigen! Zwei Stunden wandern wir nun schon bergab, bergauf - bis wir auf eine Art Hochplateau gelangen, eine Aussichtsterrasse, wie man sie ähnlich auch in unseren Alpen finden kann - und doch ist alles anders!*

DER KLANG DER GLOCKEN SCHWINGT IN DIE STILLE DER LANDSCHAFT.

*Nach einer gemeinsamen Pause mit Müsliriegel und Tee, Trockenobst und Nüssen sucht sich jeder sein "eigenes" Plätzchen. Hier kann man nicht einfach weitergehen, ohne innezuhalten, ohne dieses ganz besondere Bild unserer Erde in sich aufzunehmen. Sicherlich gibt es nicht oft ein so spontanes, intensives Erleben, kurze Augenblicke nur, die sich jedoch tief in die Seele graben, weil sie mit allen Sinnen faßbar sind. - Ich liege im Duft der Wacholderbäume; unter mir vor dem Chörten zieht eine Dzo- und Pferdekarawane vorüber. Der Klang der Glocken schwingt in die Weite der Landschaft und macht die Stille bewußt. Eine markante, riesige Scharte im roten Gestein läßt den Berg rechts vor mir zu "meinem" erotischen Berg werden. Wind und Wasser haben die Felsen ringsum entblößt, nur niedrige Dornenbüsche finden in den Spalten Halt und Nahrung. In der Ferne schieben sich wie Kulissen auf einer riesigen Bühne die Bergketten ineinander, immer höher ansteigend. Weiter vorn markant, farbig, dann wie verschleierte Schattenspiele als feine Linie und schließlich ganz fern im Hintergrund, fast mystisch, die Schneeberge. Ich schaue in den tiefblauen Himmel über mir, und in diesem Moment fühle ich mich unendlich weit fort von zu Hause.*

Wie Kulissen auf einer riesigen Bühne schieben sich die Bergketten ineinander.

Die kalten Winde treiben uns schließlich zum Aufbruch. Ich pflücke noch ein paar Wacholdersamen, dann schiebt uns der Sturm fast mit Gewalt auf den Paß hinauf. Wir sind jetzt 3900 Meter hoch, und von hier oben geht der Blick weit in den Norden in das alte Land "Lo". Ein Meer aus Stein, aus braunen, sanften Hügeln, spitzen, bizarren Felsen, Kegeln und Türmchen - eine unendliche Öde von bizarrer Schönheit in Pastell. Als feine Linie verliert sich unser Weg in der steinernen Unendlichkeit. Wenn man nicht genau wüßte, daß dort, irgendwo in den Falten der Berge, Menschen leben, daß dort, weit im Norden, die Hauptstadt Lo Mantang liegen muß, könnte man bei diesem Anblick schon verzagen!

Gegen 15 Uhr erreichen wir Giling. Wir sind jetzt nur noch 3450 Meter hoch, der Himmel ist mit schweren Wolken verhangen, und das Thermometer zeigt nur noch 12 Grad. Schon von weit haben wir das Dorf mit seinen ungefähr fünfundzwanzig weißen Häuserwürfeln in der Talsenke liegen sehen. Wie ein grüner Filzteppich breiten sich die Felderterrassen vor der grauen Felswand im Hintergrund aus, in die hinein auf halber Höhe zwei Klöster und ein Chörten gebaut sind. Vorbei an einer buntgestreiften Manimauer aus Schwarz, Rot, Weiß, Grau und Gelb führt der Weg an drei frisch getünchten Häusern vorbei zu einem mächtigen Augenchörten, neben dem wir unser Lager aufschlagen.

Alles sieht recht sauber aus, ganz im Gegensatz zu der Menschenschar, die uns gleich nach unserer Ankunft umlagert. Rotznasige Kinder, vor Schmutz schwarze, neugierige Gesichter, entzündete Augen bei allen.

Die Frauen tragen unter den schweren Wollumhängen ihren Halsschmuck aus Korallen und Türkisen, nicht selten gibt es auch dazwischen aufgereiht Gzi-Steine, die gebänderten Achate, die vor Unheil und Krankheit schützen sollen. Man kann sie, wenn überhaupt, nur für sehr viel Geld kaufen, denn sie gehören zum Familienschmuck und werden meist von der Mutter auf die Tochter vererbt, selten veräußert.

Die Kinder hier in Giling sind ausgelassen wie bei einem großen Fest, hüpfen um uns herum und

Die Abendsonne läßt die bunten Schürzen der Frauen von Giling leuchten.

rufen mit ausgestreckten Händen "Mitei, Mitei". Sie betteln um Süßigkeiten. Sollten sie das wirklich schon von den wenigen Touristen gelernt haben, die in der kurzen Zeit der Öffnung Mustangs vor uns hier waren? Die kleinen, schwarzen Gesellen können einem fast lästig werden mit ihrer penetranten Aufdringlichkeit. So haben wir das vorher nie erlebt und flüchten fast in unsere Zelte, um die Plagegeister loszuwerden. Das hält die Kinder jedoch nicht davon ab, unter die Vorzelte zu kriechen, wo sie vielleicht noch einen Blick in das Innere erhaschen können. Da hilft nur noch ein Blitzfoto, das sie erschreckt und zum Rückzug veranlaßt.

Am späten Nachmittag bricht der Himmel auf, und die Sonne beleuchtet die roten Klostergebäude am gegenüberliegenden Hang. Die Kinder haben sich inzwischen etwas beruhigt und ziehen jetzt einigermaßen gesittet mit uns den schmalen Weg zur Gompa hoch, vorbei an den hohen Steinmauern, die einstmals sicher zu einer Feste gehört haben.

Das kleine Mädchen, das mich vorher schon so schelmisch angelächelt hat, will mich unterwegs in ihr Haus einladen, aber die "Ama" ist leider nicht da. Und ich meine, daß ich nicht bleiben kann, ohne die Anwesenheit der Mutter. Gern würde ich auch dem Geschwisterchen, das die Kleine auf dem Rücken trägt, die verklebten Augen säubern und das verschorfte Gesicht salben. Aber die Angst vor mir ist zu groß; so eile ich den anderen nach, die schon fast oben sind, während mir das Mädchen traurig nachwinkt. Sie muß jetzt nach den Tieren sehen, meinte sie, und kann mich nicht begleiten. - Später ärgere ich mich, daß ich nicht bei ihr im Haus geblieben bin.
Pushpa ist noch unterwegs, den Mann zu finden, der den Schlüssel für die Gompa hat. Wir hatten vorher schon erfahren, daß es eventuell Schwierigkeiten geben könnte, weil angeblich vor einigen Monaten hier ein Raubüberfall stattgefunden hat, bei dem der betreuende Lama schwer verletzt wurde. Seitdem ist das Kloster verschlossen. Ein Thangka und verschiedene Skulpturen im Wert von 60000 Rupien sollen gestohlen worden sein. Das ist nicht viel für alte Kunstgegenstände,

meinen wir. Auf unserem Weg durch Mustang sollen wir noch die wildesten Geschichten von diesem Überfall hören. Da ist es nicht mehr nur ein Thangka sondern gleich siebzig, und der Wert der gestohlenen Gegenstände steigt in astronomische Höhen. Man erzählt auch, daß sich die Öffnung Mustangs deshalb um zwei Monate verzögert habe und daß der verletzte Lama im Sterben liege. Eine Konsequenz aus diesem Raubüberfall wird für uns dann allerdings enttäuschende Realität: Wir dürfen hier nicht fotografieren, teilt uns wichtigtuerisch der "Schlüsselverwalter" mit. Soll das nun eine Strafe oder eine Vorsichtsmaßnahme sein?
Beides ist nicht einzusehen, denn niemand weiß bis jetzt, ob die Räuber überhaupt Touristen waren, und außerdem brauchten wir sicher keine Fotos, um eventuell als Mittelsmänner Berichte über weitere stehlenswerte Kunstgegenstände abzugeben. Der Mann zeigt sich unseren Argumenten überhaupt nicht zugänglich und läßt uns nur widerstrebend in den Tempelraum eintreten, nachdem er ein Eintrittsgeld von je einhundert Rupien kassiert hat.

TUCCI schreibt in seinem Reisebericht von Mustang, daß die beiden Klöster von Giling der Ngor-Schule angehören, deren Gründer Kungasangpo sich einst von den Saskyapa löste. Weiter berichtet TUCCI, daß der Bau der Klöster auf Kungasangpo zurückgehen soll, was er einer Schriftenrolle entnommen habe, die ihm ein Mönch hier zeigte und die vom Gründerlama selber verfaßt sein soll. Die Fresken an den Seitenwänden datiert Tucci in das gleiche Alter, also Anfang des 12. Jahrhunderts. Wir sehen nur neue Malereien, künstlerisch zwar gut gemacht, aber eben ganz neu, wie überhaupt der gesamte Klosterbau nicht so wirkt, als sei er aus dem 12. Jahrhundert.
Dafür ist alles zu gerade, zu ebenmäßig, ohne Atmosphäre. Auf unsere Frage nach der etwas höher liegenden Gompa meint der Schlüsselverwalter lediglich, die sei alt, uninteressant und außerdem leer. Wir müssen ihm glauben. Er läßt sich nicht dazu bewegen, mit uns dort hinaufzugehen.

Inzwischen ist es eisig kalt geworden. Ich will nur noch in mein Zelt und in den wärmenden Schlafsack. Während ich auf dem Rückweg über grüne Grashügel und Bewässerungskanäle springe, treibt mir dieser wahnsinnige Wind den feinen Sand in die Augen. Aber eben nicht nur das, er bläst

*genauso in die Ritzen unseres Zelteingangs und bereitet uns eine böse Überraschung. Der gesamte Zeltinhalt ist mit einer dünnen Sandschicht bedeckt. Es ist zum Verzweifeln.*
*Wir können nur notdürftig saubermachen, denn bei jedem Reißverschlußhochziehen bläst eine neue Wolke Sand herein. Mal wieder sitzen wir mitten im Dreck, und in solchen Momenten ist es gut, eine Freundin bei sich zu haben, mit der man herzlich über diese mißliche Situation lachen und dabei die eigene Anpassungsfähigkeit an die Landessitten loben kann, wo das Sichwaschen als völlig überflüssig angesehen wird.*

## 7. Tag - Ein kleines Mädchen als Geschenk

*Der erste Blick auf das Thermometer "- 4 Grad". Im Daunensack, den ich inzwischen richtig lieb gewonnen habe, läßt sich das ertragen, und mit early morning tea kann es sogar gemütlich sein. Die Krähen fliegen um unser grünes Haus.*
*Es ist 6 Uhr, und wir müssen aufstehen. Ich habe ein bißchen Kopfschmerzen und gar keine Lust!*
*Hinter Giling führt der Weg durch niedriges Dornengebüsch zunächst nach Nordwesten stetig leicht bergan und stößt dann erst wieder auf die Hauptroute.*
*Denn Giling liegt ein Stück abseits, was in den offiziellen Karten falsch eingezeichnet ist. Hier, wo die beiden Wege zusammentreffen, kommt uns Mr.Vinding mit seiner hübschen Frau entgegen. „Hallo" und „Wie geht es? Wo kommen Sie her, wo gehen sie hin?" Das Übliche. Auch die Einheimischen bleiben jedesmal stehen, wenn sie an uns vorüberziehen. Immer werden wir dann gefragt, wo wir hingehen, und immer antworten wir: „Nach Lo Mantang!" Dafür bekommen wir ein anerkennendes, bewunderndes Nicken. „Gute Reise!" und man geht weiter. Lo Mantang wirkt wie ein magisches Zauberwort, die Stadt des Königs von Mustang muß doch etwas ganz Besonderes sein!*
*Aber hier bei Mr.Vinding bleiben wir erst einmal stehen. Ich kenne seinen Namen aus* Jacksons *Buch "The Mollas of Mustang" und denke mir, daß er uns sicherlich einige Ratschläge geben kann,*

*zumal er gerade den Weg kommt, den wir noch vor uns haben. Er ist dann auch gern bereit, Korrekturen in unsere Karten zu zeichnen und macht noch Vorschläge für unbedingt sehenswerte Dinge auf unserer Route. Nach dem Gespräch mit ihm ändern wir kurzerhand unseren Wegeplan und werden unterwegs noch einen Abstecher nach Lo Gekar machen, einem kleinen Kloster westlich der Hauptstrecke. Allerdings soll der Weg dorthin nicht nur mit einem beschwerlichen, sondern auch mit einem gefährlichen Aufstieg verbunden sein. Aber es lohnt sich, meint Mr.Vinding. Außerdem gäbe es in Gemi und Tsarang sowie in der Hauptstadt gute Guest-Häuser, deren Dienste man unbedingt in Anspruch nehmen sollte.*
*Wir sind dankbar für all die guten Tips und setzen unseren Weg fort, der jetzt wieder nach Norden führt, auf steilem Pfad hinauf auf den Paß, der in den Karten die Grenze zwischen Nepal und dem Königreich Mustang markiert. Immer wieder muß ich stehen bleiben, tief durchatmen. Ich tröste mich, daß es sicherlich von Tag zu Tag besser wird, wenn der Körper sich der Höhe angepaßt hat und wundere mich einmal wieder über den Mechanismus in mir, der so gut funktioniert, der mehr rote Blutkörperchen bildet, um in dieser "dünnen" Luft die gleiche Menge an Sauerstoff im Blut transportieren zu können. Das Gehen im lockeren Gestein ist mühsam, und die Sonne brennt wieder gnadenlos von einem unendlich hohen Himmel.*

*Dann endlich die Paßhöhe von 3900 Metern. Der Wind bläst mich fast gegen die dicken Kiesel, die wie von Hand aufgeschichtet rechts und links des Weges liegen. Ich fühle mich wie in einem Flußbett, so glatt und rund liegen all die Steine um mich herum. Und im Windschatten von noch mehr Kieseln gibt es sogar richtige Sitzkuhlen zum Ausruhen und Träumen.*
*Aber die Ruhe dauert nicht lange - eine Pferdekarawane zieht den Paßweg hinauf, und die Tiere wollen gerade an der Stelle vorbei, wo ich mich so behaglich niedergelassen habe. Ein bißchen mürrisch räume ich das Feld, was die Besitzer der Tiere ungeheuer zu amüsieren scheint.*
*Sie lachen, treiben die Pferde ein Stückchen weiter - und lassen sich genau an dem Platz nieder,*

von dem ich mich soeben erhoben habe. Das war ja wohl kein guter Spaß! Noch immer lachend winken sie mir, zu ihnen zu kommen - und, noch immer verärgert, folge ich dann doch ihrer Aufforderung. Es war nicht böse gemeint, und eigentlich sollte ich wissen, daß die Menschen des Himalaya einen anderen Sinn für Komik und Humor haben.
Zur Versöhnung bieten sie mir auch gleich aus einem Beutel kleine, getrocknete Yakkäsestückchen an. Ich habe diesen Käse, der meistens aussieht als sei er schon tausend Jahre alt, noch nie gemocht, aber jetzt muß ich ihn ja wohl essen. Als Gegengabe offeriere ich einen meiner kostbaren Energieriegel. Zunächst sehr skeptisch betrachtet, findet er dann doch schmatzenden Anklang. Wir kommen ins Gespräch, was man hier so Gespräch nennen kann! Ich verstehe ja kein Wort außer Lo Mantang, und doch erfahre ich, daß sie aus Pokhara kommen, schon vierzehn Tage unterwegs sind und den Reis, den die Tiere tragen, in der Hauptstadt für teures Geld verkaufen werden.
Die ganze Zeit über habe ich nicht bemerkt, daß da in dem Tüchergewirr der Frau vor mir ein Baby versteckt ist. Als die Mutter es endlich herausgepellt hat, kräht es bei meinem Anblick vor Vergnügen. Als Belohnung für diesen spontanen Sympathiebeweis bekomme ich es gleich in die Arme gelegt. Da halte ich nun dieses Bündel Mensch, freundlich von allen Seiten dazu aufgefordert, es ruhig noch eine Weile bei mir zu behalten.
Aber in Mustang gibt es keine Pampers, und ein unverkennbarer Geruch sagt mir, daß der Zeitpunkt des Trockenlegens längst überschritten ist. Wenn ich nicht will, daß meine Jacke heute abend noch nach Nomadenbaby riecht, muß ich es irgendwie wieder loswerden. Schließlich überzeugt das Argument, daß, wenn alle essen, Babys auch etwas brauchen. Und während das Kleine an die Brust gelegt wird, verabschiede ich mich wie von guten Bekannten und eile den anderen nach, den langen Paßweg hinunter nach Gemi.

Auf halber Höhe zwischen all den Dornenbüschen weiden hunderte von Ziegen. Früher besaßen die Einwohner von Mustang neben ihren Ziegen auch große Yakherden, die sie nach Norden auf die tibetische Hochebene trieben, wo sie genügend Futter fanden. Heute, nach der Schließung der

Grenze durch die Chinesen, sind diese Weidegründe verloren gegangen, und der spärliche Bewuchs hier in Mustang reicht einfach nicht aus, derart viele Tiere zu ernähren. Wie wir später erfahren, ist es nur dem König erlaubt, seine Yaks nach Tibet zum Weiden zu treiben.

Dann endlich, bei einem schmalen Felsdurchbruch, der Blick auf Gemi. Eine faszinierende Landschaft vor uns - und gleich neben uns; Berge, wie mit riesigen Samttüchern belegt, wechseln ab mit schroffen, roten Felsen, daneben wieder Hunderte von Höhlen im grauen Gestein. Östlich von Gemi schlängelt sich eine riesenlange Manimauer den Hang hinauf. Vor den ersten Häusern des Dorfes, vorbei an einigen Chörten, führt der Weg zunächst durch die Felder. Man ist dabei, den Boden für die Aussaat vorzubereiten. Was für eine harte Arbeit! Mit Hacken, zum Teil aus Holz, und Grabschaufeln wird die obere, festgebackene Schicht gelockert, wobei die jetzt wieder heftig stürmenden Winde die feine Bodenkrume forttragen, und nur unzureichend können die niedrigen Steinwälle die Felder schützen. Die Menschen haben sich Tücher gegen den Staub vor das Gesicht gebunden.

Jetzt winken sie uns, wir sollen doch kommen, sie sind neugierig, wer da durch ihre Einsamkeit läuft. Ein kleiner Junge rennt schreiend davon; er hat wohl noch nie so viele weiße Gesichter gesehen. Die ältere Frau streckt uns die Zunge heraus. Es ist der eigentliche tibetische Gruß, der dem Ankommenden zeigen soll, daß keine bösen Geister ihn erwarten.
Bei den Nomaden auf der Changtang in Tibet ist mir dieser alte Brauch öfter begegnet, hier in Mustang das erste Mal. Meist wird man mit dem nepalesischen "Namaste" begrüßt, nur die Älteren freuen sich noch über das tibetische "Tashi deleg", das ich jetzt laut in einen Innenhof hineinrufe. Die Tür stand offen. Durch einen viereckigen Luftschacht fallen die Strahlen der Nachmittagssonne und beleuchten ein für mich zeitloses Bild der Harmonie und Ruhe. Frauen, alte und junge, sind bei der Arbeit, Kinder helfen und spielen.

Ein kleines Mädchen hat sich hinter dem Rücken seiner Mutter versteckt. Ich frage, ob ich fotografieren darf. Natürlich darf ich - aber auch das kleine Mädchen? Nur mit einer List läßt sie sich hervorlocken, was allen anderen ungeheuren Spaß macht.

Die Kleine gefällt mir, und mit ihrem lieben Gesicht und den zu Affenschaukeln gebundenen Zöpfchen erinnert sie mich an jemanden. Wenn sie mir so sehr gefällt, meint die Mutter, soll ich sie doch einfach mitnehmen.

Sie will mir das Mädchen tatsächlich schenken! Ich denke, daß es besser ist, ich schenke dem verschreckten Kind etwas. Mit zwei ganz besonders hübschen Spangen für die Affenschaukeln verabschiede ich mich von der Kleinen, die mit strahlendem Gesicht wie der Blitz davonläuft.

Unsere grünen Zelte stehen schon - wie könnte es anders sein - in einem Viehpferch, direkt neben dem Haus des Dorfobersten Mr. Chompel. Seine Frau ist eine enge Verwandte des Königs, und man spürt den bescheidenen Reichtum, der diese Familie von den anderen unterscheidet. Der Wohnraum, in dem wir jetzt sitzen und Tee trinken, ist recht gemütlich eingerichtet.

WENN SIE MIR SO SEHR GEFÄLLT, MEINT DIE MUTTER, SOLL ICH SIE DOCH EINFACH MITNEHMEN.

In der Ecke sind Sitzbänke mit Teppichen belegt, davor niedrige Tischchen, an der Wand eine Glasvitrine mit chinesischen Porzellantassen, große, schöne Kupfergefäße und allerlei andere Gerätschaften füllen das Regal vor uns.

Daneben gibt es sogar einen Wassertank zum Hände- und Geschirrwaschen. Das Kofferradio in der Ecke hat der Sohn des Hauses aus Kathmandu mitgebracht.

Er fährt öfter dorthin, um Geschäfte zu machen. Für diese Reisen brauche er Geld, erzählt er uns, was er sich zum Teil als Gastwirt verdient. Und schon zeigt er uns seine zwei Gästezimmer.

Sie sind geräumig, mit je zwei Betten ausgestattet. Der Fußboden ist wie überall aus gestampftem Lehm, aber alles sieht ordentlich und sauber aus. Dabei wächst in mir die Idee, einen Raum in ein Badezimmer umzuwandeln. Wäre das nicht herrlich, ohne Wind und mit warmem Wasser?!

Es fällt mir nicht leicht, diesen alten tibetischen Gruß zu erwidern.

Grosse, schöne Kupfergefässe füllen das Regal vor uns.

*Wenn wir Interesse hätten, so könnte er uns auch noch Teppiche und alte Satteldecken anbieten, meint Mr.Chompel. Recht schön sind sie ja, aber einfach zu schwer für mein Gepäck. Obwohl - einen Wunsch hätte ich schon! Gern würde ich einen Gzi-Stein erwerben; doch das will ich mir für heute abend aufheben.*
*Bei unserer Ankunft haben wir Mr.Chompel nach den vielen Höhlen gefragt, die wir westlich von Gemi gesehen haben. Etwas Neues weiß er darüber auch nicht zu berichten. Aber er würde uns dorthin begleiten, und wir könnten sie uns selber ansehen. Das ist ein guter Vorschlag, und sogleich sind wir bereit zum Abmarsch. Mr.Chompel junior führt uns an der alten, zerfallenen Burgruine vorbei durch eine fast liebliche, zartgrüne Felderlandschaft. Wildrosenhecken rahmen die rechteckigen Gerstenareale ein - in einem Monat muß es hier noch schöner aussehen.*
*Tief unten am Rand des Flußbettes ist eine kleine Mühle. Drei davon soll es in Gemi geben, denn die Felder südlich und westlich gehören auch noch zum Dorf und bringen reichliche Getreideernte. Vor fünfzig Jahren, erzählt mir Mr.Chompel, hat es hier flußaufwärts noch ein weiteres Dorf gegeben. Aber es sei mitsamt den Feldern von der Wucht der herabstürzenden Wassermassen des Flusses fortgerissen worden.*
*Ob die Jahresangabe stimmt, kann ich nicht beurteilen, aber deutlich sieht man die Spuren dieser Katastrophe am Steilabbruch des Ufers.*

*Mit einigen waghalsigen Sprüngen über dahinschießendes Wasser erreichen wir die gegenüberliegende Flußseite und steigen dann durch ein ausgedehntes Ruinenfeld.*
*Mindestens zwanzig bis dreißig Häuser müssen hier einst gestanden haben, außerdem wohl auch ein Kloster; die vielen, vielen Manisteine, wieder zu Mauern aufgeschichtet, zeugen davon. Oberhalb der Häuserreste, rechts und links des tief eingeschnittenen Kars, in den rinnenförmig ausgewaschenen Felsen, entdecken wir die geheimnisvollen Höhlen, Hunderte sicherlich, große,*

Auf der anderen Seite des Flusses entdecken wir in schwindelnder Höhe die geheimnisvollen Höhlen von Gemi.

*kleine, runde, längliche, wie Bienenwaben übereinander, oder einzeln, viele Meter hoch in der Steilwand, fast unerreichbar.*

*Hamal, Pushpa und Mr.Chompel packt der Forschergeist. Wir bleiben lieber in sicherer Entfernung vor den herabstürzenden Steinen, die die drei bei ihrer halsbrecherischen Kletterpartie herunterschicken. Eine ganze Weile sind sie nun schon dort oben, aber ihre Mühe wird nicht belohnt.*

*Sie finden nichts, weder Malereien oder Reliefs an den Wänden noch irgendwelche Gerätschaften oder Zeugnisse menschlicher Bewohner. Ich wundere mich, daß Mr.Chompel noch nie dort oben war und auch sonst niemanden kennt, der die Höhlen je besucht hat - sagt er zumindest!*

Hamal, Pushpa und Mr.Chompel packt der Forschergeist.

*Bei der Rückkehr nach Gemi warten die herrlichsten Dinge auf uns: eine große Kanne Chang (dieser säuerliche, vergorene Gerstensaft schmeckt immer besser), heißer Tee, mit und ohne Butter, Plätzchen, Knoblauchsuppe, und Popkorn.*

*Aber zuerst und vor allem: für die drei Frauen eine Schüssel warmes Wasser zum Waschen, d.h. drei Schüsseln. Wenn man mit der richtigen Stelle anfängt, reichen die drei Liter in der Schüssel für eine Ganzkörperreinigung. Wir müssen währenddessen so sehr über unsere Geschicklichkeitsübungen lachen, daß die Männer nebenan neidisch werden und rufen, wir sollten ihnen die Witze doch auch erzählen. Nein, erzählen kann man das nicht - und sehen schon gar nicht! Fast genieren wir uns dann am Ende, die dunkle Brühe in der Schüssel einfach so zurückzulassen - und entschuldigen uns mit dem Vorzeigen der gewaschenen Socken. Ob ich wohl auch meinen Floh losgeworden bin, der mich seit gestern plagt?*

*Nach dem Abendessen setze ich mich noch zu unseren Trägern auf die schmale Veranda des Innenhofes. Ich lausche dem leisen, etwas wehmütigen Gesang der Männer, sehe in einen stern-glänzenden Himmel und fühle in der Innentasche meiner Daunenweste meinen soeben erworbenen, seidenglatten Gzi-Stein.*

## 8. Tag - Das Kloster Lo Gekar; die Kranken von Marang

*Usch hat sich für heute von Mr.Chompel ein Pferd gemietet. Sechshundert Rupien muß sie dafür bezahlen; wie sich später herausstellt, hat sich diese Investition durchaus gelohnt.*
*Zum Abschied erhalten wir alle eine Khatag-Schleife von der Hausherrin, dazu gute Wünsche für unsere Weiterreise. Auch der Hausherr zeigt sich heute morgen ein wenig freundlicher, nachdem er uns gestern abend recht mürrisch begrüßt hat und man eher das Gefühl hatte, ein Eindringling als ein Gast zu sein.*

*Hoch zu Roß reitet Usch auf ihrem Grauschimmel davon, geführt von einem freundlichen Pferdejungen. Sie ist natürlich viel früher als wir auf dem Paß westlich von Gemi, für dessen 300 Meter hohen Anstieg wir fünfundvierzig Minuten benötigen, ganz abgesehen von der lästigen Pusterei. Oben beschließen wir eine kurze Rast, denn der Ausblick ist wieder überwältigend. Unter uns gruppieren sich auf einem mattgrünen Teppich die weißen Häuserwürfel von Tramar vor einer leuchtend roten Felswand.*
*Während des bequemen Abstiegs in einem sanft abfallenden Hang werden die Konturen dieses Bildes immer deutlicher. Da gibt es muntere Bächlein, große Wiesenflächen, dicke, riesige Weidenbäume, Chörten, eine Burgruine, bunte Manimauern, und über allem wieder die Höhlen, unerreichbare, dunkle Punkte im bizarren Gestein.*

*Ich möchte hier in der Sonne sitzen bleiben, den Menschen zuschauen, die gerade dabei sind, ein Haus zu bauen, während das alte daneben einfach verfällt. So ist es der Brauch, repariert wird selten. Ich möchte die Kraft, die von dieser Landschaft ausgeht, in mich aufnehmen, sie mit nach Hause nehmen. Sie erwächst aus einer so selten gewordenen Harmonie von natürlichen und gewollten Formen, aus den Farben der Natur und einer spontanen Farbgestaltung des Menschen, die mich hier ungeheuer gefangen nimmt.*

Am Ortsende von Tramar klingt mir der monotone Singsang eines Mönchs entgegen. In einem Innenhof entdecke ich sein winziges Zelt. Er hat sich hier für eine Woche der Meditation zurückgezogen. Die Einwohner von Tramar versorgen ihn mit Tee, mehr will er nicht. Sein gesungenes Beten begleitet mich noch eine Weile, dann beginnt der wohl steilste Anstieg, den wir auf unserer Tour bisher zu bewältigen hatten, vierhundert Höhenmeter in zum größten Teil lockerem Verwitterungsgestein. Steil und schmal kriecht der Weg in Serpentinen den Hang hinauf.

**SEIN GESUNGENES BETEN BEGLEITET MICH NOCH EINE WEILE.**

Nicht einmal mehr das anspruchslose Dornengestrüpp wächst hier, keine überhängenden Felsen, in deren Schatten man ausruhen könnte!
Erbarmungslos brennt die Sonne auf uns herunter, heizt die Steine um uns herum auf, läßt das enge Aufstiegstal fast zu einer Qual werden. Mein Rucksack scheint dreißig Kilo zu wiegen, aber keine drei. Die armen Träger, die tatsächlich so viel schleppen müssen! Doch, was tun sie oben auf dem Paß? Sie singen, sind ausgelassen fröhlich.
Wir sind jetzt 4050 Meter hoch, sehen sie denn nicht, daß wir noch weiter aufsteigen müssen?

Hinter dem ausgedehnten Hochplateau schlängelt sich der Weg wieder bergan bis auf eine Höhe von 4150 Metern. Aber dieses letzte Stück ist dann doch nicht mehr so schlimm, und die Belohnung für den zügigen Anstieg in relativ kurzer Zeit ist riesengroß.

Vor uns liegt einmal wieder die lila-grau-braune Wüste des Landes Lo, die endlose, steinerne Einsamkeit, die einerseits bedrückt, andererseits aber auch, gerade hier auf der Höhe, ein ungeheures Gefühl der Freiheit schenkt. Rechts von uns sind die Schneegipfel der Sechstausender von Wolken verhüllt. Der winzige Ort dort unten könnte Marang sein, rätseln wir, daneben eventuell Tsarang, auch unser Pferdeführer weiß es nicht genau.

Doch dort weiter links, auf einer Terrasse über dem ausgetrockneten Flußbett, umringt von vielen roten Chörten, ist das Kloster Lo Gekar zu erkennen, ein rot-weißer Kubus, weit weg von jeder menschlichen Ansiedlung, in fast kärglicher, meditativer Einsamkeit.

Formen und Farben fügen sich hier in Tramar zu einer faszinierenden Harmonie.

*In den Wirtschaftsräumen, die dem Klosterbau vorgelagert sind, hat sich schon unsere Küchen- und Trägermannschaft niedergelassen. Wir finden im Haus gegenüber bei dem Wächter Unterschlupf. Auf deckenbelegten Matratzen hocken wir, an die Wand gelehnt, im Rauch des Holz- und Dungfeuers.*

*Wir sind 3850 Meter hoch, draußen toben jetzt wieder die Winde, es sind nurmehr 12 Grad. Fast könnte man unseren Aufenthalt gemütlich nennen, denn Wangchu kommt auch schon mit heißem Tee und kündigt für ein Uhr das Mittagessen an.*

*Doch unser Ausharren in der verräucherten Stube hat noch andere Gründe. Der Wächter, ein ziemlich finsterer, mürrischer Geselle, will uns nicht in das Kloster einlassen.*

*Der Lama sei unterwegs, und er habe keinen Schlüssel, außerdem dürfe er es nicht, wiederholt er immer wieder, während er fortwährend in dem Feuer herumstochert. Seine Argumente hören sich wenig überzeugend an. Wir glauben alle, daß er einfach keine Lust hat, und Pushpa meint, wir sollten noch ein bißchen Geduld haben.*

ICH GEHE DIE BUNTE REIHE DER GEBETSMÜHLEN ENTLANG.

*Da läßt plötzlich ein Sonnenstrahl den Staub im offenen Dachabzug tanzen, und während die anderen noch genüßlich ihren Tee trinken, eile ich nach draußen, froh, dem Rauch und den äußerst flohverdächtigen Matratzen entkommen zu sein.*

*Ich gehe die bunte Reihe der Gebetsmühlen entlang, die das Kloster an allen vier Seite umgeben. Viele hundert Tsha-tshas liegen hier in den Nischen, Gaben frommer Pilger, die schon seit Jahrhunderten nach Lo Gekar kommen. Das Kloster soll eines der ältesten sakralen Gebäude Mustangs sein und zugleich Fundort von heiligen Texten, die Padmasambhava hier einst verborgen haben soll. Der gesamte Klosterkomplex besteht aus drei Teilen: dem eigentlichen Tempelbau, der als rostroter Kubus dominierend, fast trutzig wirkt, dem angehängten, weißgestrichenen, privaten Wohnbereich der Mönche und den dem Eingang vorgelagerten Wirtschaftsräumen.*

Weit abseits vom Hauptweg liegt in meditativer Einsamkeit das Kloster "Lo Gekar".

An den vier Ecken des Tempels sind frisch getünchte, neu aussehende Chörten errichtet. Auch sie sind geschmückt mit Gebetsfahnen, Tiergehörnen und Votivtäfelchen zur Geistervertreibung, Zeichen der noch immer präsenten Bon-Religion.

Hunderte von Manisteinen sind links seitlich zu einer Mauer aufgeschichtet. Mit den vielen im Wind flatternden weißen Gebetsfahnen sieht sie aus wie ein großes, steinernes Segelschiff. Jedes Jahr findet hier in Lo Gekar ein weithin berühmtes Klosterfest statt - und während ich noch darüber nachsinne, welche Geheimnisse dieses alte Gebäude wohl bergen mag, winken die anderen. Pushpa hat es tatsächlich geschafft, uns wird aufgeschlossen!

Eine steile Treppe führt in den üblichen Vorraum mit den hier frisch übermalten Fresken der vier Lokapalas oder der "Vier Schützer der Weltrichtungen", wie man sie auch nennt. Sie werden schon in früh-buddhistischen Schriften erwähnt, wo sie als Helfer Buddha Sakyamunis fungieren. Rechts an der Wand das Lebensrad, gehalten von Yama, dem Dämon des Todes. Es stellt bildhaft den leidhaften Wiedergeburtenkreislauf dar, mit Schwein, Schlange und Hahn im Zentrum. Sie symbolisieren Dummheit, Haß und Gier, die drei Grundübel, die es zu überwinden gilt, um aus diesem Teufelskreis herauszugelangen.

MIT DEN VIELEN IM WIND FLATTERNDEN WEISSEN GEBETSFAHNEN SIEHT SIE AUS WIE EIN GROSSES, STEINERNES SEGELSCHIFF.

Normalerweise ist das Rad in sechs Segmente unterteilt; hier aber erstaunen mich lediglich fünf Speichen, die nur fünf Existenzbereiche voneinander abtrennen, in die hinein der Mensch wiedergeboren werden kann. Diese Art der Darstellung des Lebensrades könnte auf eine frühbuddhistische Zeit hindeuten.

Tiefe Dunkelheit umgibt uns im inneren Bereich des Tempels. Und nur im Schein der Taschenlampe sind die Schätze und Kostbarkeiten zu erkennen, die dieses Kloster von allen anderen mir bisher bekannten unterscheidet. Fast immer sind die Wände bemalt mit Darstellungen aus dem buddhistischen Pantheon. Doch hier ist die gesamte linke Wandhälfte in Hunderte von kleinen Kassetten eingeteilt, in deren Holzrahmen flache Steine eingefügt sind. Ähnlich wie auf den

*Manisteinen, doch unendlich viel feiner und kunstvoller, sind die reliefartig herausgeschnitzten Figuren zusätzlich bemalt. Die Farben leuchten kräftig und frisch, frohbunt, aber nicht grell. Die Steine müssen sehr alt sein, und der Wächter versichert uns, daß hier nichts übermalt wurde. Er jedenfalls könne sich an keine Restaurierungen erinnern. (In den Molla-Texten wird eine Restaurierung Mitte des 16. Jahrhunderts erwähnt).*

*Im mittleren Teil der Kassettenwand sind Buddhadarstellungen, links davon ist das Reich der Bodhisattvas in ihrem wundervollen Schmuck, rechts finden sich Heilige und bedeutende Lamas der Rotmützenschule.*

*Ich habe in Bhutan, auch in Westtibet schon Steine dieser Art gesehen, aber nie in dieser farbigen, vielfältigen Fülle. Durch ihre gefällige Fröhlichkeit verleihen sie dem Tempelraum eine fast wohnzimmerartige Behaglichkeit.*

*An der Stirnseite befindet sich, wie auch sonst üblich, der Altarraum hier mit einer Statue Padmasambhavas, fast völlig zugehängt mit Tüchern und Khatags. Aber unverkennbar leuchten seine forschenden Augen im Strahl meiner Taschenlampe. Gleich links daneben als kleinere Statuen die acht Emanationen des Heiligen.*

*Rechts neben dem Altarraum verbergen sich unter einer Menge von Tüchern verschiedene Schreckensgottheiten in einer Glasvitrine. Wir sollen nicht hineinschauen, meint der Wächter. Doch viel sehen kann man unter dieser Menge von Stoff ohnehin nicht. Ich gehe noch einmal und noch einmal an den heiligen Steinen vorüber, entdecke immer wieder Neues, Unbekanntes - und spüre ganz deutlich, wie der Zauber dieses Raumes mich allmählich gefangennimmt.*

*Draußen empfängt uns eisige Kälte. Wir versuchen, im nächsten Dorf jenseits des ausgetrockneten Flußbettes einen geschützten Platz für unsere Zelte zu bekommen; aber dieses Mal haben wir Pech. Entweder ist schon die Saat ausgebracht oder Lehmziegel trocknen in dem Schutz der Viehpferche. Wir müssen weiterwandern bis Marang.*

*Marang ist ein großes Dorf von schätzungsweise vierzig bis fünfzig Häusern, inmitten von säuberlich angelegten und bewässerten Gerstenfeldern. Aus der Ferne hat alles so friedlich ausgesehen!*
*Als wir aber unseren Zeltplatz erreichen, hat sich da fast das halbe Dorf versammelt - mindestens fünfzig Kinder, dazu sicher noch fünfzehn Mütter und einige Männer - und alle bitten sie um etwas. Medizin aller Art scheint hier in Marang eine besondere Rarität zu sein.*
*So viele kranke Menschen habe ich vorher noch in keinem Dorf gesehen! In kurzer Zeit sieht unser Zeltplatz aus wie ein Krankenlager.*
*Die Mütter bedrängen uns mit ihren leidenden Kindern, man weiß gar nicht, wo man beginnen soll! Während Usch mit unseren mitgebrachten Babywaschtüchern ein völlig verschorftes Gesicht säubert, nehme ich den kleinen Jungen zur Seite, der mich ansieht, als hätte er fürchterliche Schmerzen. Er zeigt auf sein Ohr, von dem kaum mehr etwas zu erkennen ist. Alles ist geschwollen und dick blutverkrustet. Vorsichtig beginne ich, mit Wattestäbchen und Öl zu reinigen, aber schließlich weiß ich mir nicht anders zu helfen, ich ziehe an der Ohrmuschel, und schon quillt dicker Eiter hervor. Wieder reinigen - und wieder die gleiche Prozedur mit demselben Ergebnis. Der Kleine muß schreckliche Schmerzen haben, dennoch gibt er keinen Laut von sich. Seine Augen sehen mich nur vertrauensvoll an, als würde ich ihm durch mein Tun Erleichterung verschaffen. Dann erkläre ich noch der Mutter, wie sie das Ohr frei- und sauberhalten muß. Ein paar Aspirintabletten werden ihm hoffentlich zusätzlich helfen.*

IN KURZER ZEIT SIEHT UNSER ZELTPLATZ AUS WIE EIN KRANKENLAGER.

*Pushpa wird auch ohne Unterlaß beschäftigt, er kommt kaum nach mit Übersetzen, denn schon ist der nächste Patient da. Der junge Mann sperrt gleich den Mund auf - Gott sei Dank bin ich einiges aus der Praxis von daheim gewohnt! - der Kiefer ist ohne intensive Behandlung und Antibiotika wohl kaum noch zu retten. Meine Schmerztabletten können nur ein vorübergehender Trost für ihn sein. Bei einer jungen Frau säubern Usch und ich noch gemeinsam ausgedehnte Geschwüre, dann haben wir einfach genug, sind selber erschöpft und müde. Und doch - unterwegs habe ich hier und da vereinzelt Kamillepflanzen gesehen. So hole ich noch einmal Pushpa und lasse den Frauen*

Immer wieder bitten Kranke um Medizin.

*erklären, wie sie mit einem Sud aus Kamille und abgekochtem Wasser sich und den Kindern die Augen säubern sollen. Bei allen sind die Augen schlimm entzündet, und die wenigen Augentropfen, die wir als eigene Medizin bei uns haben, würden da eher schaden als helfen. Als sie dann alle nicken und ich annehme, daß die Frauen meinen Rat auch wirklich verstanden haben - und beherzigen wollen -, krieche ich endlich in mein Zelt. Fast stehen mir selber die Tränen in den Augen, wobei ich nicht weiß, ob es Erschöpfung oder Mitleid ist - oder einfach beides.*

...DENN SCHON IST DER NÄCHSTE PATIENT DA.

*Vor dem Abendessen wollen wir noch einen Rundgang durch Marang machen, aber es ist schon recht dunkel um 7 Uhr, und es reicht nur noch zum Besuch der alten Gompa.*
*Mehr schlecht als recht stolpern wir in der Dunkelheit eines Raumgewirrs über Treppen und plötzliche Stufen. Ein junger Mann führt uns, bis wir in einen recht geräumigen Saal gelangen. Hier sitzt die männliche Einwohnerschaft von Marang - wie sollte es anders sein um diese Zeit - beim Chang. Es scheint schon eine Menge Gerstensaft durch ihre sicherlich verstaubten Kehlen geflossen zu sein, denn sie sind laut und fröhlich, und ihre geröteten Augen schauen ein wenig glasig.*
*Sollte das hier nicht der Tempelraum sein? Und tatsächlich - an den Seiten hängen verschiedene Thangkas, vorn gibt es einen Altar, seitlich davon einen Chörten mit den Reliquien eines heiligen Lamas. Die Atmosphäre ähnelt eher einer Schankstube als einem heiligen Raum; für einen kurzen Augenblick denke ich an die stille Einsamkeit von Lo Gekar.*
*Da drängen die Kinder herein, und in dem allgemeinen Gewusel habe ich das Gefühl, daß unsere Hosenbeine ihnen als Taschentuch dienen. Das wird auch nicht viel anders, als wir noch die Privatgompa eines herrschaftlichen Hauses aufsuchen. Rechts und links schmücken wunderschöne Malereien die Wände. An der Stirnseite sind in Brokat gewickelte Bücher in schmale Nischen gelegt, dazwischen kleine Statuen von Buddhas und Heiligen. Ganz besonders schön ist die des Padmasambhava als Guru Rinpoche. Der kleine Raum der Gompa ist plötzlich so voll, daß ich fürchte, die Decke bricht ein, und ich ergreife mit meiner Taschenlampe die Flucht.*

*Draußen erschreckt mich ein Hund mit seinem wütenden Gebell. Der Wind hat nachgelassen, dafür fallen jetzt sachte Schneeflocken. Pushpa hat Chang besorgt, irgendwie treibt er noch eine zweite Kanne auf. Marang scheint voll davon zu sein. Wir hätten ihn alle verdient heute, meint er. Was war das für ein Tag!*

## 9. Tag - Die Klöster von Lo Mantang

*Ich wache sehr früh auf. Es ist erst 5 Uhr, aber schon hell. Leise schleiche ich mich aus dem Zelt. Ich tue das sonst nie, bleibe immer bis zur letzten Minute in meiner warmen Hülle. Draußen ist es so kalt und still, daß ich den Atem anhalte. Die Zelte sind mit Reif bedeckt, in den Bergen ringsum hat es Neuschnee gegeben. An die Steinmauer gelehnt, schaue ich in die Klarheit eines beginnenden Tages, losgelöst aus der Ordnung der Zeit. Gedanken füllen und leeren sich, formen Gestalten und bedecken alles mit einer seltsamen Wehmut.*

*Die Wanderstrecke nach Lo Mantang soll heute nur drei Stunden betragen, und so ziehen wir frohen Mutes los, vorbei an dem riesigen Wacholderbaum, der das Ende von Marang markiert. Wie alt mag er wohl sein - zweihundert Jahre, dreihundert Jahre, oder gar mehr? Schon ein kurzes Stück hinter Marang beim Beginn des Paßanstiegs befallen uns böse Vorahnungen. Der Weg zieht sich, und das letzte Drittel kostet besonders viel Kraft und Zeit. Wie im Treibsand rutscht man bei jedem Schritt wieder zurück. Eineinhalb Stunden benötigen wir bis zur Paßhöhe. Seitlich gibt es einen noch etwas höheren Gipfel, der Reiz ist zu groß, dort auch noch hinaufzuklettern. Oben messe ich dann eine Höhe von 4200 Metern, habe einen herrlichen Rundblick, aber nicht einmal eine Ahnung von Lo Mantang! Nichts als wüstenhaft leere Berge. Nordwestlich von Marang müßte das Kloster Samdruling liegen, das wir noch auf unserem Weg besuchen wollten. Eigentlich müßte es auch von hier zu sehen sein. Aber*

*von einer vorüberziehenden Karawane erfahren wir, daß das Kloster verfallen ist und niemand mehr dort lebt. So beschließen wir, direkt nach Lo Mantang zu gehen - nur, wie lange wird das noch dauern? Vom Paß zieht sich der Weg in langen Kurven den Berg hinunter. Auch hier gibt es wieder Hunderte von Ziegen, die sich von den trockenen Dornbüschen ernähren und mit ihrem Gebimmel die Täler füllen. Nach drei Stunden Wanderzeit erreichen wir endlich die Hauptroute, die von Tsarang kommend in die Hauptstadt führt. Jetzt kann es ja nicht mehr weit sein! - glauben wir. Aber nun laufen wir schon wieder eine Stunde durch ein sandiges Gerölltal, weit und breit sind keine Häuser zu sehen.*

SPÄTER ERFAHRE ICH, DASS DAS DER KÖNIG VON MUSTANG WAR.

*Die Sonne brennt uns auf den Rücken, vor uns braut sich ein Wetter zusammen. Unsere Gruppe hat sich weit auseinandergezogen, jeder geht seinen eigenen Rhythmus. Da kommen mir Reiter entgegen. Das müßte ein gutes Foto sein, denke ich, und stelle mich mitten in ihren Weg, die Kamera vor dem Gesicht. Der Ältere von ihnen, gut und sauber gekleidet, eine runde Pelzmütze auf dem Kopf, grüßt freundlich vom Pferd herunter. „Namaste" rufe auch ich und sehe plötzlich mit Schrecken die langen Gewehre der jungen Männer, die ihn umringen. Aber da reiten sie auch schon weiter - später erfahre ich, daß das der König von Mustang war.*

*Am Ende des langen Hochtales gibt es dann nochmals einen kurzen Anstieg bis zu einem schmalen Durchbruch im hellen Kalkgestein - wir können es nicht fassen - dort unten liegt, zusammengekauert wie eine Festungsanlage, Lo Mantang, die Hauptstadt von Mustang, das Ziel unserer Reise!*

*Jetzt werfe auch ich einen besonders schönen runden, weißen Stein auf den Maniberg, der einen hohen Mast trägt, an dem Gebetsfahnen flattern. Leise schicken sie ihr klatschendes Geräusch in den Wind, sonst ist es ganz still hier oben.*

*Auf die Steine gehockt, sehen wir den schwarzdunklen Wolken zu, wie sie sich von Westen her über die roten und weißen Häuserwürfel unter uns schieben, längst haben sie die Bergspitzen mit ihrer drohenden Masse zugedeckt. Wir müssen uns beeilen, wenn wir noch vor dem drängend*

Jetzt ist es nicht mehr weit bis Lo Mantang....

*heranrückenden Wettereinbruch die Stadt erreichen wollen. Doch der Weg zieht sich in die Länge, und wieder einmal haben wir uns in der Entfernung verschätzt. Außerdem müssen wir noch ein tief eingeschnittenes Flußbett durchqueren, das man aus der Höhe gar nicht sehen konnte.*
*Noch einmal zweihundert Meter steilster Anstieg, dann haben wir es endlich geschafft, und das Wetter hat uns bis jetzt verschont. Nur ab und zu fallen ein paar Regentropfen, als wir die Straße an der Stadtmauer entlanggehen, die ganz Lo Mantang umspannt. Sie führt zu dem einzigen Tor, das bis vor kurzer Zeit noch jede Nacht verschlossen wurde, um die Stadt vor den Überfällen irgendwelcher Räuberbanden zu schützen.*
*Gleich neben dem Weg ist ein Wasserlauf, der wie überall in den Dörfern vielseitige Verwendung findet.*
*An der kurzen Manimauer, flankiert von zwei Chörten, biegen wir links ab in eine schmale Gasse, die bei einer riesigen, überdachten Gebetsmühle endet. Gleich links daneben ist das Stadttor. Alles sieht schmutzig aus. Der schmale Kanal, der eher wie ein Abwasserbach wirkt, hat den Weg rechts und links aufgeweicht. Wir springen über Schlammpfützen und allerlei Unrat, vergammelte Plastikschüsseln liegen da herum, alte Töpfe, Blechbüchsen, Lumpenbündel, Tierexkremente. Gleich kommen auch wieder die Kinder in Scharen herbeigelaufen, und uns scheint, daß auch sie schwärzere Gesichter haben als anderswo und ihre Kittelchen und Kleidchen keineswegs schöner und sauberer sind als in den übrigen Dörfern.*

IHRE KITTELCHEN UND KLEIDCHEN SIND KEINESWEGS SCHÖNER UND SAUBERER ALS IN DEN ÜBRIGEN DÖRFERN.

*Hinter dem Stadttor links gelangt man zum Königspalast. Dem gegenüber, am Rand eines größeren Platzes, steht ein stattliches Guest-House, in das wir zunächst einmal einkehren und Rast machen. Gleich wird auch der langersehnte, heiße Tee serviert, von einem strahlenden Wangchu. Der Küchenmannschaft wurde ein Raum im Untergeschoß zur Verfügung gestellt, in dem sie sogleich ihre Gerätschaften ausbreiten und mit der Essenszubereitung für uns beginnen. Es ist inzwischen 2 Uhr nachmittags, wir frieren, sind hungrig, durstig und müde. Erschöpft lassen wir uns im Halbdunkel der Schankstube auf die niedrigen Sitzbänke fallen, die teppichbelegt an*

Die Hauptstadt Lo Mantang wird von hohen Mauern ganz umschlossen.

*den Wänden stehen. Keiner sagt etwas. Aber schon nach einer halben Stunde kehren die Lebensgeister wieder zurück, und wir sind zu neuen Erkundigungen bereit. Der Sekretär des Königs, den wir vorhin an der Stadtmauer getroffen haben, bietet sich als Führer an. Er hat frei, sagt er freudestrahlend, denn der König ist unterwegs nach Süden - ich habe ihn ja gesehen - ,wo er Streitigkeiten zu schlichten habe. Vor drei Tagen wird er sicher nicht zurück sein, so könne er uns seine freie Zeit widmen. Bevor es dunkel wird, wollen wir uns noch die beiden alten Gompas ansehen.*

ABER NUR IM SCHEIN DER TASCHENLAMPE SIND DIE FEINHEIT DER LINIEN UND DIE DETAILLIERTE FARBGEBUNG ZU ERKENNEN.

*Die Thubchen-Gompa, die wir als erste besuchen, soll im Jahr 1422 erbaut worden sein, versichert man uns. In der Vorhalle wachen die vier mächtigen Skulpturen der Lokapalas über die Heiligkeit des dahinterliegenden Haupttempels.*

*Durch eine schmale Holztür betritt man den großen Tempelraum. Es ist düster wie in allen Klöstern, die Augen müssen sich erst an die Dunkelheit gewöhnen. Fünf mal sieben riesige Holzsäulen stützen das Dach. Die Seiten- und Rückwand schmücken Malereien. Aber nur im Schein der Taschenlampe sind die Feinheit der Linien und die detaillierte Farbgebung zu erkennen, Freskenmalerei in höchster künstlerischer Ausarbeitung. In dieser auch für uns ästhetischen Vollendung habe ich sie ähnlich nur in den Tempeln von Tsaparang im ehemaligen Königreich Guge in Westtibet gesehen. Ein Band von ungefähr 50 cm großen Medaillons spannt sich um die Rückwand. Auf tiefdunklem Samtrot sind Götter und Heilige, Schreckensgottheiten und die Stifter des Klosters dargestellt. In feiner Goldschrift als Fries darunter sind Lobpreisungen und gute Wünsche für den reichen Händler und den Fürsten zu lesen, die einst durch großzügige Spenden mithalfen, dieses Gebäude für die Mönche der Sakyapa-Schule zu errichten.*

*Auf der rechten Tempelwand sind die Fresken leider zum großen Teil durch eingedrungene Nässe zerstört. Das Dach konnte erst kürzlich repariert werden. Die Darstellungen der fünf transzendenten Buddhas (Vairocana, Amitabha, Amogasiddhi, Ratnasambhava, Aksobhya) sind hier sicherlich drei bis vier Meter hoch. Doch trotz dieser überdimensionalen Größe und trotz des herabbröckelnden Putzes fordern ihre in sich ruhenden, verinnerlichten Gesichter den Betrachter*

Von Witterungseinflüssen zerstörte Wandfresken.

Altar mit der Statue Padmasambhavas.

*unerbittlich sanft und verleihen so dem Raum einerseits eine distanzierte, andererseits aber auch persönliche Erhabenheit und heitere Ruhe. Die zentrale vordere Altarfigur ist eine bemalte Stuckskulptur Padmasambhavas mit seinen beiden Frauen, rechts und links Buddhastatuen in ähnlicher Manier.*

*Der Unterschied in der künstlerischen Qualität von Wandmalereien und Skulpturen ist auffallend. Während die Fresken sensibel, fein gemalt sind, wirken die naivbunten Stuckfiguren eher grob. Links von dem Altar steht ein wunderbar bemalter alter Chörten, im Hintergrund die bronzene Großstatue Sakyamunis.*

*Nicht weit von hier befindet sich das andere alte Klostergebäude von Lo Mantang, byams-pa lha-khang. "Jampa-Gompa" nennen es die Einwohner. Es ist nur ein Jahr später, also 1423, erbaut worden, erzählt mir eine etwas ältere Frau, die ich plötzlich als Begleitung habe. Bereitwillig hält sie den Schein der Taschenlampe dorthin, wo ich fotografieren möchte. Aber ich muß schnell sein mit der Einstellung meiner Kamera, denn in ihrer fast kindlichen Begeisterung gleitet sie unaufhörlich mit dem Licht über all die Dinge, die sie nie zuvor gesehen hat . Die nur durch den spärlichen Schein der Butterlampen wenig erhellte Dunkelheit der Räume hat die Malereien seit Jahrhunderten geschützt, aber auch verborgen.*

*Von außen sieht das Kloster eher wie ein Viehstall aus, Stroh und Unrat liegen herum. Über eine steile Treppe müssen wir auf eine Art Veranda klettern, um in das Innere der Gompa zu gelangen. Zwar wird dieser Umlauf von Säulen mit fein geschnitzten Kapitellen getragen, doch deutet sonst nichts auf die Schätze hin, die wir dann im Inneren entdecken. Eine sicher fünf bis sechs Meter hohe Skulptur des Maitreya beherrscht als Zentralfigur den Hauptraum. Sie reicht bis in das zweite Stockwerk. Die Wände sind mit Mandalas von ungefähr zwei bis drei Metern im Quadrat ausgemalt. Ähnlich feine Arbeiten habe ich in Ladakh im Kloster von Alchi, im Obergeschoß des Sumtsek, gefunden.*

*Mandalas, als psychokosmisches Diagramm, sind in der Hauptsache Meditations- und Initiationshilfen.* Tucci *spricht von dem Mandala als einem Mittel zur Reintegration, zur Findung des*

Mandalas in feinster Linienführung schmücken die Wände der "Jampa Gompa".

unteilbaren Selbst. Als geometrische Figur, aus Quadraten und Dreiecken konstruiert, wird das Mandala von einem Ring nach außen hin abgeschlossen. Aus dem ursprünglichen Mandala Indiens, was übersetzt einfach nur Kreis bedeutet, ist im tantrischen Buddhismus ein kompliziertes, nur schwer verständliches Zusammenspiel von Symbolen, Formen und Farben geworden, eine Verknüpfung von Innen und Außen, von Transzendenz und Immanenz.
Die Mandalas hier in Jampa Gompa sind von den Künstlern ganz besonders fein und überaus reich ausgestaltet. Scherenschnittartige, filigran ziselierte Aureolen umgeben meist die Zentralfigur. In der Hauptsache sind dies Initiations- und Schutzgottheiten der Rotmützenschule. (Zur näheren Identifizierung kann man in dem Buch "Tibetan Mandalas-the Ngor Collection". Kodansha, Japan 1983, nachlesen). In kaum zu erfassender Üppigkeit sind Rechtecke und Kreise figural oder ornamentartig ausgemalt - und doch findet man bei der Betrachtung dieser die Augen verwirrenden Vielfalt eine faszinierende Ordnung. Das dunkle Samtrot ist auch hier wieder vorherrschend im Spiel mit Blautönen und feinen Goldlinien.

Vor dem Stadttor sitzen die Männer beim Chang.

Es ist schon fast dunkel, als wir durch die schmalen, schmutzigen Gassen der Stadt zu unserem Guest-House zurückgehen. Wie immer abends drängen die Ziegen zu Hunderten in ihre Nachtquartiere und füllen mit ihren wuseligen Körpern und ihrem Gemecker jede Ecke. Draußen vor dem Stadttor sitzen die Männer beim Chang, der wie immer um diese Zeit reichlich fließt. Man ist fröhlich, redet miteinander, manche spinnen Yakwolle, andere knüpfen kunstvoll daraus die kräftigen Yakschnüre. Für ein paar Rupien kaufe ich ein besonders schönes Seil von einem alten Mann. Sein Gesicht gefällt mir, und durch meinen Kauf, den er überhaupt nicht verstehen kann, kommen wir ein wenig ins Gespräch.
Unsere Küchenmannschaft wartet schon mit dem Abendessen. Knoblauchsuppe mit Popkorn gibt es, das ist klar. Aber jetzt verfeinert mit Knorr's Klarer Brühe, die ich noch im Gepäck hatte. Usch opfert eine Salami, der Koch hatte noch ein bißchen Ziegenfleisch, es wird ein richtiges Festmahl. Beim anschließenden Tee mit Rum ist der Sekretär wieder unser Gast, außerdem

*gesellt sich der Abgeordnete der kommunistischen Partei zu uns. Beide sind bereit, freimütig auf unsere Fragen zu antworten, und es entwickelt sich ein teilweise interessantes Gespräch.*
*Über die Geschichte Mustangs wissen sie allerdings wenig oder detailliert gar nichts zu berichten; die aktuelle Situation interessiert im Moment mehr. Zunächst erfahren wir, daß Mustang insgesamt 23 000 Einwohner hat. (Nach Angaben des Statistischen Bundesamtes beträgt die Einwohnerzahl 12 930).*
*800 davon wohnen in der Hauptstadt Lo Mantang, die aus 160 Häusern besteht.*

*Der König Jigme Brawal Bishta herrscht mit eingeschränkter Gewalt in seinem Königspalast über sein kleines Reich. Er ist der Regierung in Nepal verantwortlich, wobei ihm die Rechtssprechung und einige landesspezifische Angelegenheiten obliegen.*
*45 Mönche leben noch hier in Lo Mantang, außerdem 15 Mönchsschüler.Sie scheinen fast alle unterwegs zu sein, denn bisher haben wir nur drei gesehen.*
*Sieben Lehrer unterrichten in der Hauptstadt; die Schulsprache ist Nepali, Englisch wird als Fremdsprache gelehrt. Die ursprüngliche Muttersprache des Landes - Tibetisch - wird gar nicht mehr in der Schule gesprochen. Wenn die Kinder das lernen wollen, müssen sie eben ins Kloster gehen, meinen unsere beiden Landeskundigen.*
*Und was wir jetzt erfahren, ist kaum zu glauben! Mustang besitzt auch eine High-School, die aber nicht in Lo Mantang ist, sondern einige Kilometer weiter nördlich in Chossar. „Warum denn so weit fort", fragen wir. Denn der Weg dorthin bereitet Lehrern wie Schülern größte Schwierigkeiten. "Der König hat es so gewollt", ist die Antwort. Wir sollten uns unsere eigenen Gedanken darüber machen, sagt der Abgeordnete, überhaupt sei der König sehr konservativ!*
*Wir sprechen noch die medizinische Versorgung an, die uns überall äußerst vernachlässigt vorkam. Die Not der kranken Menschen, der fast völlige Mangel an Arzeneien, nie ist mir das so kraß begegnet wie hier in Mustang. Es gäbe nur einen Arzt im ganzen Land, wird berichtet.*
*Wo der wohl gerade ist? - frage ich mich. Könnte man nicht wenigstens ausgebildete Krankenschwestern aus Kathmandu nach Mustang holen - oder könnten nicht die Lehrer versuchen, über*

*hygienische Verbesserungen aufzuklären? - Man könnte schon einiges tun von Seiten der Regierung, aber welches junge Mädchen möchte schon aus der quirligen Stadt Kathmandu hier in die steinige Einsamkeit Mustangs umziehen? Damit ist der gesamte Fragenkomplex eigentlich beantwortet.*

*Wir fragen noch, wie es mit der Ernährung aussieht, ob genügend angepflanzt werden kann, um alle Einwohner zu versorgen. Es reicht, meinen sie, Hunger hätte es nie gegeben.*
*In den Sommermonaten gedeihen auf den künstlich bewässerten Feldern außer Gerste und Hirse auch verschiedene Gemüsesorten wie Kartoffeln, Kohl, Zwiebeln, Mangold und Tomaten.*
*Außerdem wird schon immer Reis aus dem Süden eingeführt; Fleisch gäbe es ausreichend.*
*Die Güter für den täglichen Gebrauch, die nicht selber hergestellt werden können, kauft man für Wolle und Häute in Nepal und Indien. Mit Tierkarawanen, die uns ja immer wieder begegnet sind, werden die Güter hin- und hertransportiert. Viele der Männer von Mustang arbeiten als Gastarbeiter in Nepal und Indien, bleiben dort ein oder zwei Jahre, um Geld zu verdienen.*
*Sie bringen dann auch die Dinge aus der anderen Welt mit, Radios, Plastikgeschirr, Kleidungsstücke....heißbegehrt und vielbejubelt - von uns eher mit Skepsis betrachtet.*

*Wie sieht es mit dem Tourismus aus, der jetzt in Mustang gerade begonnen hat? - Darüber habe man sich noch keine Gedanken gemacht! Wir seien erst einmal gern gesehene Gäste, und die Königin möchte uns zum Tee einladen. Darüber freuen wir uns natürlich sehr und stellen zunächst das Problem des Tourismus zurück. Denn eine vernünftige und für alle befriedigende Lösung der vielen neuen Aufgaben ist sicher schwierig und nur allmählich möglich. Unterkunft, Verpflegung und Müllbeseitigung sind nur einige Aspekte im großen Problemkreis.*

*Draußen ist es inzwischen stockdunkel. Straßenlaternen wären jetzt für meine verwöhnten Augen nicht nur romantischer Zierrat. Aber in Lo Mantang gibt es keinen Strom. So stolpern wir mit unseren Taschenlampen durch die schmalen Gassen, möglichst kotige Pfützen vermeidend, um die Schuhe einigermaßen sauber ins Zelt zu bekommen. Draußen kann man sie nicht lassen, es ist eiskalt. Und ich finde es äußerst ungemütlich, morgens in gefrorene Schuhe zu steigen.*

*Das Stadttor ist noch offen, und als wir schließlich in unsere Zelte kriechen, beginnt es zu schneien. Für morgen hat man uns Pferde aus dem königlichen Stall versprochen; wir wollen eine Tagestour bis zur tibetischen Grenze machen.*
*Einigermaßen changselig rolle ich mich in meinen Schlafsack und träume davon, morgen ein Pferd zu bekommen, das Deutsch versteht und mich auch noch gut leiden kann!*

## 10. Tag - Abenteuerlicher Ritt zur tibetischen Grenze

*Mein Pferd versteht Deutsch und kann mich auch gut leiden. Es ist das Pferd der Königin, trägt den Namen "Juka", ist äußerst gesittet und sehr verständig. Wenn die anderen mit "tschu, tschu" ihre Tiere antreiben, klopfe ich Juka beruhigend auf den Hals und flüstere ihr zu, sie solle sich ja nicht aus der Ruhe bringen lassen. Denn wir sind jetzt schon eine Stunde unterwegs, und allmählich beginne ich die Ecken und Kanten des Holzsattels unter mir zu spüren. Der Rucksack mit Fotoausrüstung und Trinkflasche drückt zusätzlich. Aber noch ist alles erträglich und ohne schmerzliche Bedeutung.*
*Es ist ein herrlicher Morgen. Nach dem nächtlichen Schneefall ist der Himmel jetzt klarblau.*
*Die Luft duftet frisch, kein Wind weht, und nur ab und zu höre ich das leise Schnauben meiner Stute. Nach Durchqueren des tief eingeschnittenen Flußbettes hinter Lo Mantang reiten wir am Namgyal-Kloster vorüber auf ebener Strecke nach Thinkar. Mächtige Burgruinen zeugen auch hier von der einstigen wirtschaftlichen und strategischen Bedeutung der alten Karawanenstraße.*
*Bei dem Dorf Kamling müssen wir absteigen. Wieder ist ein Flußbett zu überwinden, und hier fällt die Uferböschung so steil ab, daß die Pferde einzeln hinuntergeführt werden müssen. Unten dann aber tragen sie uns als lebende Brücke über das schäumende Wasser. Ich muß mich wundern, wie sicher sie über die nicht zu sehenden Steine durch die Strömung gehen.*
*Kurz nach Kamling hat Horsts braunes Roß keine Lust mehr. Es bleibt einfach stehen und ist durch nichts zu bewegen, auch nur einen Schritt weiterzugehen. Wir biegen uns vor Lachen, denn gerade*

*vorhin war Horst noch so stolz und meinte, er habe das größte und schönste und feurigste Pferd von uns allen. Während Hamal, Pushpa und Wangchu, die wirklich gute Reiter sind, versuchen, aus dem lahmen Gaul wieder ein flottes Pferdchen zu machen, reite ich schon ein Stück voraus.*
*Weit dehnt sich vor mir die steinige Landschaft. Die "Sechstausender" sind mit Schnee bedeckt, nach Norden hin zieht sich graubraunes Hügelland; auf der rechten Seite ist als dunkler Strich vor der kargen Felswand ein kleines Dorf zu erkennen. Juka trägt mich sanft, mit ruhigem Schritt über die Hochfläche, die mich so sehr an Tibet erinnert. Und nur das Bimmeln des Pferdeglöckchens und der Holzsattel unter mir haben in diesem Moment Gegenwartsberechtigung.*

*Schon von weit leuchten die roten Chörten von Nyamdo über der fahlen Felswand. Eng drängen sich die Häuserwürfel dieses Dörfchens auf der Steilterrasse über dem Fluß. Wir können hier nicht mehr weit von Tibet entfernt sein, und ich meine, auch die Menschen sehen "tibetischer" aus als im übrigen Mustang. Mit ausgelassener Fröhlichkeit betrachten sie mich, und, fast ein bißchen unsicher geworden, überlege ich, was wohl der Grund für ihre so offensichtliche Heiterkeit sein mag.*
*Inzwischen sind auch die anderen eingetroffen. „Sollen wir eine Pause machen? Dort oben hinter den Chörten wäre ein Kloster zu besichtigen!" Noch gebe ich nicht zu, daß ich unbedingt einmal von meinem Holzsattel herunter muß. Wir beratschlagen; der Weg dort hinauf ist ziemlich steil und schmal, keiner zeigt so recht Lust. Aber ich meine, es muß sein, und schicke Pushpa, den Schlüsselverwalter zu suchen. Schließlich kraxeln wir dann doch alle hinauf. Wenn es sich auch nicht lohnt, das Kloster von innen anzuschauen - es ist äußerst ärmlich mit einigen grob gemalten Thangkas und einem kleinen Altar ausgestattet - so ist doch der Blick von hier oben einmalig. Wie grau-braune Pflastersteine breiten sich unter uns die viereckigen Feldareale zu einer ebenen Fläche, umrahmt von dem hellen Band der ausgetrockneten Flußläufe. Der Berg gegenüber wirkt fast sanft in seinen schwingenden Konturen, übergossen von der gleichen faden Farbigkeit wie alles ringsum. An seinem unteren Rand zeichnet sich eine Linie ab, verlaufend wie auf Löschpapier. In der Ferne schimmern lila-grau-rosa die Berge Tibets, das Land*

SCHON VON WEIT LEUCHTEN DIE ROTEN CHÖRTEN VON NYAMDO.

Vieles erinnert in dieser Landschaft an Tibet; vom Kloster Nyamdo ist es nicht mehr weit zur tibetischen Grenze.

*auf dem Dach der Welt, mit dem Mustang so viel gemeinsam hat, wobei die Religion, der Buddhismus, das stärkste Bindeglied ist und Ursache einer fast identischen Kulturentwicklung.*

*In Tibet wurden unschätzbare Kulturdenkmäler durch die Chinesen zerstört, die Religionsausübung zum Teil sehr eingeschränkt. - Mustang gehört jetzt zum Staat Nepal. Zwar wurde nie etwas an oder in den Klöstern durch die Nepalesen vernichtet, aber die alte Kultur wurde auch nicht von ihnen geschützt und gefördert. In den Schulen gibt es keine einheimischen Lehrer, die die Kinder in ihrer Muttersprache unterrichten könnten. Ist Tibetisch nur noch eine Sprache der Alten? Die wenigen Klosterschüler lernen es noch. Doch wie viele gibt es überhaupt, die das kulturelle Erbe bewahren können? Die Klöster, die wir bisher gesehen haben, wirkten zum größten Teil verwahrlost, ungepflegt - und verwaist!*

*In Gedanken versunken habe ich mich wieder auf mein Pferdchen geschwungen und werde sofort schmerzlich in die Gegenwart versetzt. Immer hatte ich angenommen, eine dicke Daunenweste zu besitzen, aber jetzt ist sie nur wie ein Blatt Papier zwischen dem Sattel und meinem Po.*

*Gott sei Dank ist es von hier nicht mehr weit bis Garphu. Schon sehen wir die ersten Häuser und Chörten jenseits des Flusses, der, wie man uns sagt, Mustang Kola heißt. Ich bitte Juka, sachte mit mir umzugehen und nicht auf das Tschu-tschu der anderen zu hören, mit dem sie immer wieder ihre Pferde antreiben. Wie ein echtes Königspferd steigt sie dann auch mit tänzelnder Sicherheit das Steilufer hinunter. Weiter nördlich ist jetzt Neyung deutlich zu erkennen, der offizielle Grenzort mit nur wenigen Häusern. Aus Sicherheitsgründen dürfen wir nicht näher heranreiten, wird uns gesagt. So schwenken wir nach rechts und folgen weiter dem trockenen Flußlauf nach Osten hin, vorbei an den hoch aufragenden Gebetsmasten, die mit Sicherheit einen Bestattungsplatz markieren. Nicht weit danach haben wir die ersten weißen Torchörten von Garphu erreicht, die sich als lange Reihe jenseits des Ortes am Berghang fortsetzen.*

Garphu ist ganz einfach ausgedrückt ein wunderschönes Dorf, zwischen dessen Häusern und Menschen man sich sofort wohlfühlt. Da ist nichts Lautes, nichts Fremdes, das die Harmonie stören würde. Überall in den sauber gefegten Gassen wird gearbeitet. Das helle Licht, die wärmenden Strahlen der Sonne haben die Menschen nach draußen gelockt. Da werden Schuhe hergestellt, wie seit eh und je aus dem bunt eingefärbten, dicken Yakstoff und einer Sohle aus Yakleder; da wird an anderer Stelle gewebt, wobei der Webstuhl die gesamte Länge des Gäßchens einnimmt; da wird auf ganz simple Art Öl gepre?t, den Namen der Körner weiß allerdings niemand. Gleich daneben sitzen drei Mädchen um einen großen Mörser und zerstampfen geröstete Gerstenkörner. Die etwas Ältere bewegt mit unglaublicher Geschwindigkeit den Stößel, die Jüngere schiebt immer wieder die Körner darunter. Ich mag mir nicht vorstellen, was passiert, wenn die beiden aus dem Rhythmus kommen!

Das Quietschen einer Gebetstrommel lockt uns in den geräumigen, viereckigen Klosterhof. Auch hier wirkt alles ordentlich und sauber. Die Innenräume überraschen uns noch mehr. Der ganze Versammlungsraum der Mönche ist in feinster, künstlerisch hochqualitätvoller Arbeit ausgemalt. Auf der einen Wand leuchten die Schreckensgottheiten in Gold auf schwarzem Grund, auf der anderen Seite die tanzenden Bardho-Gottheiten in einem Meer von Grün, daneben mandalaförmig angeordnet die Adibuddhas, in der Mitte Samantabhadra in mystischer Vereinigung mit seiner Partnerin. Ich kann mich nicht sattsehen an all diesen Schätzen, die mich hier so unerwartet im Kloster von Garphu umgeben. Und wie schon manchmal zuvor denke ich, daß diese bis jetzt fast verborgene Kunst Mustangs unbedingt festgehalten werden sollte als deutlicher Beweis einer hochstehenden buddhistischen Kultur - bevor sie hier vielleicht durch Unachtsamkeit verfällt.

Weiter am Flußufer und einer endlosen Manimauer entlang gelangen wir nach Nyphu, zu dem berühmten Höhlenkloster, dessen rote Vorderwand auf bunt gestreiftem Untergrund dicht am Felsen klebt. PEISSEL beschreibt in seinem Mustangbuch hier eine halsbrecherische Kletterpartie durch dunkle Labyrinthe und versetzt das Kloster in dreihundert Meter luftige Höhe. In Wirklichkeit ist es nur dreißig Meter über dem Weg und auf einer wenn auch steilen Treppe zu erreichen. Allerdings treffen auch wir, wie Peissel schon, eine mürrische Alte, die uns nur widerstrebend einläßt und gleich ein Eintrittsgeld verlangt. Ich vermute, daß unsere Hundert-Rupien-Scheine nicht lange in ihrem schmutzigen Kittel bleiben, sondern gleich im Dorf in Chang umgesetzt werden. An der Stirnseite der großen, natürlichen Höhle kann man kunstvolle, alte Malereien erkennen, ansonsten gibt es hier wenig Bemerkenswertes.Oder doch? Warum hat das Kloster diesen buntgestreiften Sockel? Welche Bedeutung haben diese farbigen Längsstreifen aus tiefem Rostrot, Ocker, Grau und Weiß? Überall ist uns die bunte Farbigkeit an heiligen Dingen in Mustang begegnet, meist sind ja auch Manimauern, Chörten oder gar mächtige Bäume so gestrichen. Wenngleich dieser Sockel hier so aussieht, als hätte man die Farbe einfach daran herunterlaufen lassen.

Irgendwie erinnert mich die Farbgebung an die der Fadenkreuze, an die Geisterfallen, die oft über den Hauseingängen angebracht sind. Tucci ordnet den Farben dieser Fadenkreuze Symbolcharakter zu, so steht die Farbe Weiß z.B. für das Göttliche, die anderen für die dämonischen Schutzgottheiten. Könnte der gestreifte Sockel vielleicht eine ähnliche Schutzfunktion haben, oder ist es einfach nur die Freude an der Buntheit? Nirgendwo in der Literatur habe ich eine spezielle Aussage über diese farbige Streifung gelesen, die gerade für Mustang so typisch und nirgendwo anders zu finden ist.

**Überall ist uns die bunte Farbigkeit an heiligen Dingen in Mustang begegnet.**

Wir reiten jetzt weiter nach Chossar, wollen dort Mustangs einzige High-School besuchen. Der Ritt dorthin dauert ungefähr eine Stunde, und ich weiß jetzt schon nicht mehr, wie ich sitzen soll. Auch später nicht, als wir mit den Lehrern im Konferenzzimmer diskutieren. Die Schulanlage ist großzügig gebaut. Um einen Schulhof von hundert mal hundert Metern gruppieren sich die einzelnen Lehrgebäude. Fast könnte man annehmen, daß die vielen kleinen Häuser zu einem Internat gehören, was ja auch vernünftig wäre. Aber man sagt uns, daß alle 350 Kinder außerhalb wohnen und jeden Tag den weiten Schulweg in Kauf nehmen müssen. Lo Mantang ist ungefähr acht Kilometer von hier entfernt.

Auch hier begleiten uns kleine Rotznasen zum berühmten Höhlenkloster von Nyphu.

*Die Unterrichtsfächer sind ganz ähnlich wie bei uns, als einzige Fremdsprache wird Englisch gelehrt. Unterrichtsmaterial ist fast keines vorhanden, auch hier müssen die Eltern den Hauptanteil tragen. Deutlich spüren wir den Unmut der Lehrer über die mangelhafte staatliche Unterstützung.*

*Die Lehrer selber wohnen innerhalb des Schulkomplexes und führen, wie sollte es anders sein, in dieser Einöde ein ziemlich kärgliches Dasein. Alle kommen sie aus Kathmandu. Und ich frage, warum keine einheimischen Lehrer ausgebildet werden. Sie hätten dieses Jahr nur einen einzigen Schulabgänger - und der wolle kein Lehrer werden. Dann besteht die letzte Klasse nur aus einem Schüler? Man kann es verstehen, denn wir sind in einem Land, wo jeder mithelfen muß, wo jeder seine Hilfe einbringen muß, damit die Gemeinschaft überleben kann. Da müssen auch die Kinder mitarbeiten, und es ist dann vielleicht wichtiger, wenn der Sohn vom Vater die Geheimnisse des ausgeklügelten Bewässerungssystems lernt als irgendwelche theoretischen Dinge in der Schule, die ihn nur verwirren. Auch hier in der Schule von Chossar schenken wir den Lehrern, was sich noch an Schreibmaterial für die Kinder in unseren Rucksäcken befindet, Papier, Buntstifte, Kulis. Usch hat noch ein paar Postkarten mit deutschen Städteansichten, darüber freuen sie sich besonders.*

*Als Juka dann mit mir Richtung Lo Mantang trabt, denke ich darüber nach, wie es wohl früher war, als die Kinder noch in den Klöstern unterrichtet wurden, als Mönche sich um die geistige Entwicklung ihrer Schützlinge kümmerten. Auch damals war es schon so, daß jeder kommen durfte, der von den Eltern geschickt wurde; die Schule war nicht nur den Reichen vorbehalten. Die Chancen waren den jetzigen ziemlich ähnlich. Der Unterschied lag wohl hauptsächlich im Lehrkörper. Die Mönche selber erhielten ihre höhere Ausbildung zum größten Teil in der Hauptstadt Tibets, in Lhasa, wo man die Klöster Universitäten gleichsetzen konnte. Heute, nach der Besetzung durch die Chinesen, ist das nicht mehr möglich. So gibt es nicht genügend geistigen Nachwuchs - und gerade diesen Mangel, so meine ich, haben wir unterwegs in den Klöstern deutlich gespürt.*

*Inzwischen ist es später Nachmittag geworden. Die Pferde scheinen die Nähe des heimatlichen Stalles zu wittern, sie sind unruhig, gehen schneller, reagieren nervös. Elke und Rainer reiten ein Stück vor mir - da plötzlich wirbeln die beiden durch die Luft, ihre Tiere rasen mit wilden Sprüngen davon, ebenso das Pferd unseres Begleiters, der sofort den beiden zu Hilfe eilt. Elke ist gleich wieder auf den Beinen, sie hat Glück gehabt. Rainer plagen schlimme Schmerzen, sicherlich sind eine oder zwei Rippen gebrochen.*
*Beruhigend rede ich auf meine Juka ein. Sie hat den Kopf gehoben, ihre Ohren sind wachsam wie bei einem Hund. Ich spüre ihre Nervosität. Auch Pushpas Pferd tänzelt unter seinem Zügel, versucht den anderen nachzujagen.*
*Was sollen wir tun? Drei Pferde sind verschwunden, Rainer kann kaum laufen, wir anderen sind nach dem anstrengenden Tag auch ziemlich erschöpft - und bis Lo Mantang sind es noch gut zwei Stunden Fußmarsch. Die Pferde müssen also wieder eingefangen werden.*
*Wir betten Rainer, so bequem es geht, auf die Erde, Elke und Horst bleiben bei ihm, die anderen widmen sich der Pferdesuche. Aber die Tiere sind derart verschreckt, daß sie bei jedem Versuch, eingefangen zu werden, gleich wieder ausbrechen. Was mag nur der Grund für ihre völlig unerwartete Reaktion gewesen sein?*

*Usch und ich reiten weiter Richtung Hauptstadt. Man wird sich dort sicher schon Sorgen machen. Denn durch den Unfall haben wir viel Zeit verloren. Vor lauter Aufregung habe ich meinen Holzsattel total vergessen. Aber jetzt im eiskalten Gegenwind ist es mir, als würden alle Nerven meines Körpers ihr wundes Ende in meinem Po finden! Ich spüre kaum die Schneeflocken und den Sand, den mir dieser irre Wind ins Gesicht schleudert, und überhöre total Uschs witzige Bemerkungen über meine wenig reiterhaften Verrenkungen. Was weiß sie schon von meinen Leiden?! Sie hat überhaupt keinen Sattel, nur ein dickes Kissen!*
*Juka kennt den Weg nach Hause. Sie hat jetzt den Kopf gesenkt, ihr Schritt ist müde. Ich lasse die Zügel locker, vertraue mich ganz der Erfahrung meiner siebenjährigen Stute an - und erzähle ihr, daß es in meiner Heimat breite Straßen gibt, über deren glatten Asphalt Autos sausen, in deren Polster man sich bequem*

zurücklehnen kann. „Zehn Kilometer kann man in fünf Minuten schaffen, Juka!" Während ich das sage, stehen wir vor dem Steilufer des Mustang Kola, auf dessen anderer Seite Lo Mantang liegt. Später weiß ich nicht mehr, wie mein Pferd das bewältigt hat, den abschüssigen Hang hinunter, durch den Fluß, und auf der anderen Seite wieder hoch. Ich klopfe ihr dankbar den Hals, registriere wieder meine Umgebung - und traue mich nicht, näher hinzuschauen: direkt neben mir hocken die Geier mit ihren nackten Köpfen und vollführen ihren schwerflällig hüpfenden Tanz. Nein, so weit ist es nun wirklich noch nicht! Mir graust's, und ich treibe Juka an, weiterzugehen.

Der Stallknecht wartet schon auf uns, beim Absteigen sinke ich ihm fast in die Arme. Acht Stunden Holzsattel - ich spüre kaum mehr meine Beine, dafür anderes um so mehr.
Nach einiger Zeit trifft dann auch der Rest unserer Gruppe ein. Für Rainer wird ein bequemes Lager direkt neben dem Ofen im Wohnzimmer des Hauses bereitet. Die Hausherrin kümmert sich rührend um ihn, er soll auch die Nacht hier verbringen. Dann gibt es heißen Tee und Rum und Chang, und wieder Rum und wieder Chang. Die Kerosinlampe beflackert unsere immer ausgelassenere Gesellschaft; Elke und Rainer sind die Helden des Tages. Und bald kennt halb Lo Mantang unsere Geschichte, denn immer mehr Leute kommen, um uns zu sehen und sich noch einmal und noch einmal alles erzählen zu lassen.
Es wird spät heute, erst gegen 10 Uhr sind wir in unseren Zelten. Mir ist, als hätte mich jemand stundenlang verprügelt, immer auf die gleiche Stelle. Heute nacht muß ich auf dem Bauch schlafen.

## 11. Tag - Besuch beim Oberlama; Tee bei der Königin

Es regnet heute in Lo Mantang, niemand hat Lust aufzustehen, und niemand ist besonders fröhlich. Horst nutzt die Gunst der Stunde und überredet uns, nur noch bis Mittag hier zu bleiben. Irgendetwas zieht ihn nach Muktinath, für das wir aber einen zusätzlichen Tag benötigen.
Nach ausgedehntem Frühstück im Guest-House will uns der königliche Sekretär noch mehr von seiner Stadt zeigen und schlägt zunächst einen Rundgang auf der Stadtmauer vor. Über steile Treppen in

In und über den Gassen von Lo Mantang.

*einem Privathaus gelangen wir im zweiten Stock auf den gut ein Meter breiten Umgang, der hier an der Ostseite ungefähr auf hundert Metern Länge zu begehen ist. Von diesem erhöhten Platz sieht Lo Mantang wie ein bunter, viereckiger Irrgarten aus. Als markante Punkte ragen nur die roten Quader der Klostergebäude heraus und das weiße Schloß des Königs, darumherum ein Wirrwarr von Höfen und Gäßchen und Mauern mit aufgeschichtetem Reisig.*
*Und doch hat das Durcheinander unter mir die heimelige Atmosphäre eines Nestes inmitten einer bedrohlichen Wüste aus Stein.*

*Heftiges Winken reißt mich aus meinen Betrachtungen. Pushpa hat es fertiggebracht, eine Audienz bei dem obersten Lama von Lo Mantang zu arrangieren. Inzwischen haben sich uns noch drei Mönche angeschlossen, die uns vor dem Treffen in ihr neues Kloster führen wollen, Zödi oder Chödi-Gompa, oder chos-sde Gompa, was soviel wie Kloster - oder Religionsgemeinschaft heißt. Der Jüngere zeigt mir auch gleich seine ganz private Behausung; es ist eine kleine Nische, direkt neben dem Haupteingang, nur durch einen Vorhang abgetrennt. Das Rad der Lehre, flankiert von den beiden Gazellen, schmückt das Dach der niedrigen Vorhalle, das Rad mit den Pfauen das des Hauptgebäudes. Diese Kombination ist sehr selten. Ich habe sie bisher nur in Sakya und Shigatse gesehen. Das Innere des Tempels ist reicher ausgestattet, als wir es bisher in Mustang gewohnt waren. Zahlreiche Bronzestatuen reihen sich auf dem Altar, Thangkas schmücken Wände und Pfeiler. An der Eingangsseite hängen die Masken für die Chamtänze.*

*Die Malereien an den Wänden sind zwar neu, aber der gesamte Raum strahlt eine gute, lebendige, heimelige Atmosphäre aus. Als ganz besondere Prachtstücke werden uns dann noch zwei Mahakala-Thangkas gezeigt, wovon die eine sechshundertfünfzig, die andere fünfhundert Jahre alt sein soll. Mit diesen beiden Thangkas muß es eine ganz bestimmte Bewandtnis haben. Die drei Mönche wollen sich fast gegenseitig im Erklären und Erzählen übertreffen. Aber es ist nur so viel zu erfahren, daß diese heiligen Bilder mit der Schutzgottheit des*

Die ausdrucksvollen Masken für die Chamtänze leuchten aus dem Dunkel der "Neuen Gompa".

*Mahakala mitgeholfen haben, einen Angriff der Mongolen abzuwehren und durch sie die Stadt Lo Mantang gerettet wurde. Dargestellt ist hier eine ganz bestimmte Form des Dharmapala Mahakala. Mit dem quer auf seinen Armen liegenden Stab ist er als Panjara oder Danda Mahakala zu erkennen; er ist zugleich Hüter des Zeltes der Hirtennomaden.*

*An der linken Wand des Haupttempels habe ich zwei Schranktüren entdeckt, die mich schon die ganze Zeit beschäftigen. Neugierig bitte ich den jungen Mönch, mir aufzuschließen. Er dürfe es eigentlich nicht - aber für ein freundliches Lächeln tut er es dann doch. Ein ganzer Schatz von Tormas verbirgt sich da, gekrönt von der Figur Padmasambhavas und seiner beiden Frauen. Tormas sind modellierte und bemalte Formen und Figuren aus Tsampa (Gerstenmehl) und Butter. Als heilige Dinge auf den Altar gestellt, finden sie ihr Ende meist im Bauch der Ratten, die jedes Kloster bevölkern. So hat mir einmal ein Mönch im Kumbum-Kloster in Nord-Tibet sein Leid geklagt, weil er ständig reparieren mußte, was die schlauen Tierchen immer wieder von seinen kunstvollen, aber sicher auch schmackhaften Figurenszenen wegfraßen.*

*Stolz erzählt mir hier der Mönch, daß er das meiste in diesem Schrank selber gemacht hat. - Dann müßte er doch auch Tsha-tshas herstellen können, denke ich und frage ihn gleich danach. Natürlich, meint er, die Model dafür habe er in seiner Obhut. Jetzt haben wir ein gemeinsames Thema gefunden, und er freut sich so sehr über mein Interesse, daß er mir ein Tsha-tsha als Andenken verspricht.*

EIN GANZER SCHATZ VON TORMAS VERBIRGT SICH DA.

*Der Oberlama Khenpo Tashi Tensing bewohnt ein kleines Haus nicht weit von dem neuen Kloster. Im zweiten Stock treten wir durch eine niedrige Tür in eine Art Klause, die für uns sieben fast schon zu eng ist. Jeder von uns überreicht eine sorgfältig gefaltete Khatag mit einer Spende für das Kloster. Mit freundlichem Nicken nimmt der Rinpoche unsere Gabe entgegen, lehnt sich auf seinem etwas erhöhten Sitz hinter dem niedrigen Tisch zurück und schaut uns erwartungsvoll an. Er hat ein gutes, intelligentes Gesicht, überstrahlt von einem gütigen Lächeln. Seine Gestik, wie er sich jetzt gerade den Kopf kratzt, erinnert mich ganz spontan an den Dalai Lama. Während wir ein Gespräch* versuchen, werden Tee und Plätzchen serviert. Ein echtes, tiefes Gespräch mit diesem sicherlich weisen Mann wäre ein großer Gewinn, aber dafür ist zu wenig Zeit, Gespräche dieser Art müssen reifen. Unsere Gedankenwelten liegen zu weit auseinander, als daß sie sich in der jetzigen Situation intensiv begegnen könnten. Und doch - ich fühle mich wohl hier in der Nähe dieses alten Mannes, von dem eine ganz bestimmte Faszination ausgeht, eine positive Energie, die die Tibeter chü nennen. Später dann noch unsere Frage nach den Mollas, den berühmten Religions- und Geschichtsbüchern Mustangs. D.P.JACKSON hat in seinem Buch "The Mollas of Mustang" diese zum Teil übersetzt wiedergegeben und diskutiert. In den Texten der sechs Bücher, die bisher gefunden wurden und die teilweise nur noch als Fragment erhalten sind, wird die tiefe Verbundenheit Mustangs mit Tibet deutlich. Basis ist die Gedankenwelt des Buddhismus. So schreibt JACKSON: "Man kann nicht leugnen, daß jedes bekannte Molla als Rezitationsvorlage ein Werk der tibetisch buddhistischen Kultur ist."

In der Hauptsache wurde der Inhalt der Mollas während religiöser Zeremonien vorgetragen, deren Schutzherr das weltliche Oberhaupt war. So ist es zu erklären, daß diese Schriften, um beiden Seiten gerecht zu werden, zugleich Lehrbücher der Religion und Geschichte sind. Jackson hat herausgefunden, daß die Mollas auch Elemente der vorbuddhistischen Bon-Religion enthalten, deren Mythologie bisher jedoch nur mündlich überliefert wurde. Interessant darin ist weiter, daß der Name "Lo" für Mustang schon in den frühesten tibetischen Chroniken auftaucht. Er bezeichnet dort ein Grenzgebiet im westtibetischen Reich. Ebenso wird "Lo" in den Chroniken Ladakhs erwähnt, die auch auf das 7. Jahrhundert verweisen, als König Songtsen Gampo durch zahlreiche Eroberungskriege sein riesiges Reich schuf.

Der Rinpoche zeigt uns gleich zwei dieser Molla Bücher, die er unter einem Wust von anderen Schriftstücken hervorholt. Ich darf diese Molla-Bücher fotografieren und bin gespannt auf die Übersetzung. Zu Hause erfahre ich dann, daß allein schon der Titel interessant ist, der nicht Molla oder mol ba heißt, sondern hier ganz eindeutig mol-tshig (möltsig), was übersetzt "Aufgeschriebenes Wort" bedeutet. Es folgt dann, wie bei tibetischen Büchern oder Schriften üblich, ein Schmucktitel.

*Hier bei diesem Buch: sñan-pa'i 'phren-ba (njänpäi tsengwa); das ist ein blumenreicher Ausdruck, den man mit "Wohlklingende Perlenschnur" übersetzen kann. In überschwenglicher Sprache folgen nach religiösen Unterweisungen Lobpreisungen und gute Wünsche für Stifter und hohe Herren, danach die Geschichte des Klosters - aber leider nicht vollständig. Phantastisch, daß wir diese Kostbarkeit auch noch gefunden haben! Khenpo Tashi Tenzing freut sich über unsere Begeisterung und mit einem segnenden Handauflegen und einer Khatag werden wir entlassen.*

BESUCH BEI DER KÖNIGIN VON MUSTANG.

*Gleich gehen wir zu dem nächsten Höhepunkt dieses Morgens: Besuch bei der Königin von Mustang. Wenn schon der Palast von außen keine großen Schätze vermuten läßt, so wird man auch in seinem Innern nicht vom Gegenteil überrascht. Einst, als Lo Mantang noch eine reiche Grenz- und Handelsstadt war, hat es hier sicherlich prächtiger und gepflegter ausgesehen. Nur bei näherer Betrachtung entdeckt man noch Reste aus besseren Zeiten, feine Schnitzereien am breiten Treppenaufgang zum Beispiel. Beim Hinaufsteigen in den zweiten Stock wuseln zwei Apso-Hunde um meine Beine und tun, als seien wir Bekannte.*

*Wir werden in den großen Aufenthaltsraum geführt, der gleich rechts neben der Treppe liegt. In der Mitte des Raumes steht als wirklicher königlicher Luxus ein eiserner Ofen, der sogar ein Abzugsrohr hat. Normalerweise ist das nicht üblich, der Rauch zieht einfach durch eine Luke im Dach ab.*

*Nach der offiziellen Begrüßung mit Khatagschleifen, die ein Muß bei solchen Begegnungen sind, überreichen wir unsere Geschenke, die wir für Königin und König mitgebracht haben, und nehmen auf den teppichbelegten Sitzbänken vor dem Fenster Platz.*

*Schräg vor mir sitzt die Königin; sie hat das typisch längliche, aristokratische Gesicht tibetischer Adelsfamilien. Um den Hals trägt sie eine Kette aus Perlen, Korallen und wunderschönen Gzi-Steinen. Freundlich und ruhig antwortet sie auf unsere Fragen, während ihre hübsche Zofe Tee und kleine Kuchen serviert, wie ich sie aus Lhasa kenne. Die Königin stammt aus Shigatse. Es sei schon immer üblich gewesen, daß die Könige von Mustang sich ihre Frauen aus Tibet holten, erzählt sie uns.*

Im Königspalast werden wir von den hübschen Zofen der Königin mit Tee und duftenden Kuchen verwöhnt.

*Ihr Mann sei noch unterwegs und müsse jetzt wahrscheinlich in Tsarang sein, wo wir ihn vielleicht noch treffen könnten. Sein Neffe und möglicher Nachfolger, begleite ihn, denn der eigene Sohn, knapp über dreißig Jahre alt, betreibe in Kathmandu eine Teppichfabrik. - Es gibt also auch hier sicherlich familieninterne Probleme. Ich kann mir gut vorstellen, wie groß für einen verwöhnten jungen Mann Enthusiasmus und die Bereitschaft zum Verzicht sein müssen, um aus dem doch modernen und relativ komfortablen Kathmandu wieder hierher nach Mustang zurückzukehren! Wir bieten der Königin an, Nachrichten oder auch andere Dinge für den Sohn mitzunehmen - da fällt mir meine Post ein, die ich unbedingt noch von hier abschicken muß!*

DER POSTMANN HÄLT MICH FÜR EIN BISSCHEN VERRÜCKT.

*Gleich gegenüber dem Palast im Untergeschoß des Guest-House ist das Postamt. In dem engen, niedrigen Raum sorgen wir einmal wieder für Aufregung. So viel Kundschaft hat es lange nicht gegeben, außerdem findet sich ja wie gewöhnlich gleich wieder eine zahlreiche Zuschauerschar ein. Normalerweise kostet die Gebühr für eine Postkarte in Nepal sieben Rupien; hier in Mustang muß man eine Rupie Aufschlag bezahlen, für den schwierigen Transport mit Pferden, denn anders ist die Post ja nicht zu befördern. Was aber tun, wenn der Postmann nur Ein-Rupie Marken hat? Da reicht die Postkarte kaum! Er ist ganz aufgeregt, denn vorn auf das Bild darf ich keine kleben, so muß meine Schrift unter den Marken verschwinden. Aber das gefällt ihm schon gar nicht. Ich glaube, er hält mich für ein bißchen verrückt - warum schreibt man aus Mustang, wenn der Empfänger nichts lesen kann! Kopfschüttelnd sieht er meinen Bemühungen zu; und erst als ich ihm sage, daß das allerwichtigste sein Stempel ist, strahlt er wieder.*

*Zum Mittagessen gibt es heute Kartoffeln, Thunfisch aus der Dose und fettgebackene Kringel. Ich muß immer wieder staunen, wieviel Geduld unsere Helfer, der Koch und die Träger, für all unsere verschiedenen Wünsche und Aktivitäten aufbringen. Nie habe ich sie murren hören, auch wenn wir noch so lange herumgetrödelt haben, wenn wir noch eben dies und jenes wollten und viel mehr Zeit verging, als ursprünglich geplant war; sie haben auch selbst dann nichts gesagt, als wir die Route nach Gemi kurzerhand geändert haben, was für sie ja ein großer Umweg war.*

Jetzt sind die Träger schon unterwegs nach Tsarang, die Küchenmannschaft hat noch ausgeharrt, bis wir endlich, geschmückt mit den Khatagschleifen der Königin, nach einer halben Stunde Postamtaufenthalt in der Schankstube zum Mittagessen erscheinen.
Alle freuen sich über unsere glücklichen Gesichter; der Morgen, der so trübe begann, hat sich offensichtlich aufgehellt, zumindest, was unsere Stimmung anbelangt. Denn der Himmel ist noch immer graubedeckt - und mein Regencape, fällt mir ein, ist im Seesack, irgendwo auf einem Trägerrücken!
Wir sind schon ein ganzes Stück an der Stadtmauer entlanggegangen, da ruft jemand hinter uns. Der junge Mönch - atemlos eilt er uns nach. Das hatte ich ganz vergessen, sein Abschiedsgeschenk! Freudestrahlend zeigt er in eine Schüssel - fünf nagelneue, noch ölglänzende Tsha-tsha-Chörten hat er darin, für jeden von uns einen. Am liebsten würde ich ihm sagen, daß er ein Schatz ist, habe ich doch für diese traditionellen Opfergaben eine ganz besondere Vorliebe! Das Transportproblem erweist sich dann aber als genauso groß wie die Freude über das Geschenk. Jeder versucht es auf seine Art zu lösen, denn frische Tsha-tshas sind genauso heikel wie frischgebackene Torten!

Den ersten Teil der Strecke nach Tsarang kennen wir ja nun schon. Doch, obwohl es zunächst bergauf geht und man die Beschwernisse kennt, läuft es sich fast leichter als auf dem Herweg, selbst durch die schier endlose, ebene Steinwüste bis zur Abzweigung nach Lo Gekar. Der Hauptweg biegt hier leicht nach links ab, ist aber kaum in dem Wirrwarr von Bächlein, runden Grashügeln und dicken Steinen auszumachen. Danach führt ein schmaler Pfad immer sanft bergauf, bergab, bis zu einem Steilhang, der mit lockerem Schottergestein bedeckt ist. Wangchu, der mich gerade eingeholt hat, zeigt auf die Ziegen hoch über uns, und schon kollern Steine auf uns herunter, die sich zu einer regelrechten Lawine vermehren. Mit ein paar langen Sätzen sind wir aus dem Gefahrenfeld heraus - noch ein wenig atemlos bedanke ich mich und verspreche, demnächst auf solchen Wegen stets nach unten und nach oben zu schauen!
In der Ferne tauchen jetzt wieder die Schneeberge als mächtige Klötze am Horizont auf. Schwer liegen die Wolken auf ihren Gipfeln, es beginnt zu regnen. Und noch einmal habe ich Glück heute. Ein Stück weiter unten bei dem einsamen Chörten hat sich ein Träger untergestellt - und es ist gerade der in meinem Seesack!

Eine Stunde stemme ich mich nun schon mit flatterndem Regencape gegen diesen wahnsinnigen Wind, der mir die Regentropfen waagerecht ins Gesicht schleudert. Da tauchen die Umrisse der Burg von Tsarang im Wolkennebel auf, hoch oben auf der Felsterrasse.
Noch sind wir im Schauen auf dieses Bild aus einer anderen Welt versunken, da bricht plötzlich der Himmel auf. Wie von Zauberhand werden die Wolken weggeschoben, und Sonnenstrahlen beglänzen die jetzt bunten Mauern von Tsarang. Das Licht strahlt wie für einen Fotowettbewerb. Was für ein malerisches Dorf!

Begeisterung beflügelt dann auch meine Schritte den steilen Weg aus der Schlucht hinauf, vorbei an den drei Chörten und an der Steinmauer entlang, die aussieht, als sei sie aus Kanonenkugeln gemacht. Da winkt mir eine Frau. Sauber, gut gekleidet und mit schönem Schmuck, gehört sie sicherlich zu den reichen Familien Tsarangs.
Aus ihrer bildhaften Gestik spricht Sorge; sie möchte Medikamente für ihr krankes Kind. Ich schwanke einmal wieder zwischen Mitleid und Zweifel. Nicht gern gebe ich etwas, ohne den kleinen Patienten gesehen zu haben. Aber die anderen rufen schon nach mir, ich solle doch endlich kommen! Aus dem Haus grüßt jetzt ein ganz besonders gut aussehender Mönch von ungefähr fünfzig Jahren. Ob er wohl der Vater des Kindes ist? Gern hätte ich ihn noch mehr gefragt, da eilt die Frau schon mit einigen Aspirintabletten dankbar glücklich ins Haus zurück - ich jedoch den anderen nach mit der unglücklichen Gewißheit, hier eine vielleicht wichtige Begegnung verpaßt zu haben.

Im Guest-House von Tsarang, das der Schwester des Königs gehört, ist mächtig viel Betrieb.
Im Innenhof des Untergeschosses stehen die königlichen Pferde, sofort an ihrem außergewöhnlichen Kopfputz zu erkennen. Der König muß sich also auch hier aufhalten! Und tatsächlich begrüßt er mich wieder mit einem freundlichen "Namaste", als ich gerade die Treppe heraufkomme.
Neben ihm steht sein Neffe an das Geländer gelehnt, groß gewachsen, mit einem markanten Gesicht,stolz wie ein Khampa.
Wie in Gemi haben wir hier einen Raum für uns allein, setzen uns mit Wohlbehagen auf die gepolsterten Bänke, strecken die gehmüden Beine aus und genießen den heißen Tee, den unser Koch

Hinter gewaltigen Steinwällen leuchten bunt die Mauern von Tsarang.

*schon für uns bereithält. Um uns herum hüpfen und schnattern die kleinen neugierigen königlichen Nachkommen, einmal ohne Rotznasen. Aber "Mitei" wollen sie wie alle anderen Kinder auch. Pushpa und Wangchu sind schon wieder auf Erkundungsgang. Sie machen das wirklich großartig, versuchen alles, um uns jeden Wunsch zu erfüllen. Pushpa kommt nach einer Stunde mit einem Plan für morgen und einer Kanne Chang zurück. Danach hat keiner mehr Lust für weitere Unternehmungen.*

*Wir richten nur noch unsere Zelte ein, dann gibt es Abendessen. Unser Koch ist richtig glücklich - hier im Guest-House von Tsarang macht ihm seine Arbeit Spaß, denn er hat einen Raum für sich, wo er wirtschaften kann. Auch die anderen scheinen fröhlicher als sonst, und ich vermute, daß sie von dem berühmten Chang von Tsarang nicht nur gekostet haben! Denn gleich nach dem Abendessen steht schon wieder eine neue Kanne auf dem Tisch.*

Sie sollten Eintrittsgeld nehmen für ihre Show!

*Die Träger sind lustig und ausgelassen, die Stimmung ist so gut, daß ich sie um ein Lied bitte, das ich schon so oft abends von ihnen gehört habe. Aus diesem einen Lied werden dann viele im Laufe des Abends. Immer wieder muß Wangchu mit seiner hohen Kinderstimme eine allgemein belachte Einlage geben, dazu wird getanzt, aber nur von den Männern. Rambo (keiner weiß, wie er richtig heißt) kann es am besten, wird immer wieder in die Mitte geholt, beklatscht und bejubelt. Sie sollten Eintrittsgeld nehmen für ihre Show!*

*Unser Raum füllt sich immer mehr, und der bunten Zuschauerschar scheint die Vorführung ungeheuren Spaß zu machen - mir auch, wenn ich in ihre sprachlosen, konzentrierten, belustigten, erstaunten, schwarzen Gesichter sehe! Es ist schon nach Mitternacht, als ich an meinem Bett den Reißverschluß zuziehe.*

*Was hat Peissel gesagt, als er in Mustang war? "In einem Land ohne Zentralheizung und mit geringem Komfort und nach vielen anstrengenden Wochen mit wenig Vergnügen entdeckte ich, daß der Alkohol wahrlich geschaffen war, des Menschen Herz zu erwärmen..."*

## 12. Tag - Audienz bei dem König von Mustang

*Die Vögel zwitschern, der Bach rauscht, ein Kind brüllt, und nebenan schnarcht Rainer in einen wolkenverhangenen Morgen hinein. Wir müssen heute ein wenig länger auf unseren early morning tea warten, aber der lustige Abend entschuldigt alles.*
*Nach dem Frühstück haben wir zunächst eine Audienz bei dem König. Mit einer neuen, weißseidenen Khatag in der Hand werden wir in die Privat-Gompa des Hauses geführt. Dort wartet der König, sitzt mit untergeschlagenen Beinen im Buddhasitz auf einer erhöhten Bank seitlich vor dem Altar. Ihm gegenüber, auf niedrigeren Bänken, dürfen wir Platz nehmen. Neben uns hocken noch zwei Männer auf dem Boden, warten fast demütig auf den Rat des Königs.*

*König Jigme Brawal Bishta ist Mitte sechzig, er wirkt autoritär, vornehm, königlich. Aber seine Miene hellt sich gleich auf, als ich mich bei ihm für mein ahnungsloses Verhalten entschuldige, als wir uns auf dem Weg zwischen Lo Mantang und Tsarang begegnet sind. Er muß lachen, erinnert sich noch genau daran. Bei Tee und Plätzchen wird unser Gespräch fast zur gemütlichen Plauderei. Der König fragt uns zunächst, wo wir herkommen; aber mit Deutschland kann er wenig anfangen und vermutet es in Amerika.*
*Wir sollen ihm dann unsere Eindrücke von seinem Land schildern - was wir auch freimütig tun, vor allen Dingen sprechen wir wieder die medizinische Versorgung an und fragen gleich, was mit dem Geld geschieht, das jeder Mustangreisende bezahlen muß. Aber darauf weiß der König auch nicht zu antworten. Darüber müßte erst noch im Parlament entschieden werden. Warum wir denn nicht in allen Klöstern fotografieren dürfen, frage ich weiter. Selbst eine königliche Erlaubnis würde uns da wenig helfen, meint er, jedes Dorf habe ein eigenes Gremium von zehn Leuten, die darüber zu entscheiden hätten. Doch er, der König, würde den Tourismus in seinem Land durchaus befürworten und sich auch dafür einsetzen, daß dies in Zukunft geändert würde.*
*Später vertraut er uns dann der Obhut seines Neffen an, der uns noch mehr von Mustang erzählen soll, wenn er uns das alte Schloß, die ehemalige Sommerresidenz der Könige, zeigen wird. Der junge Mann kennt sich gut aus, denn er ist hier geboren und aufgewachsen.*

*Dunkel ist es in dem zerfallenden Gemäuer. Im Schein der Taschenlampe steigen wir über gefährlich brüchige Stufen in den zweiten Stock des Palastes, immer darauf bedacht, nicht an irgendeinem herunterhängenden Querbalken den Kopf anzustoßen.*
*1320 soll dieses Schloß der Könige von Mustang erbaut worden sein. Wir stehen jetzt in der Gompa der Burg, und stolz zeigt der junge Mann auf die ca. 30-40 cm großen Stuckfiguren in einer Nische des Altars: links der hohe Lama Ngor-chen, in der Mitte der sagenumwobene, erste bedeutende König Mustangs, A-ma-dpal, der Reichsgründer, rechts der Minister Tshe-dbang-bzang-po.*

**DER SAGENUMWOBENE, ERSTE KÖNIG MUSTANGS.**

*Der Neffe des Königs erzählt uns, daß König A-ma-dpal einst den berühmten Mönch aus Tibet geholt haben soll, um hier in Mustang die Religion des Buddhismus zu verbreiten und zu festigen, was er dann durch den Bau etlicher Klöster auch verwirklichte. Dem König zur Seite stand sein Minister, ebenso geschätzt, weil er ihn in allen weltlichen Angelegenheiten vortrefflich beriet.*
*A-ma-dpal soll auch Mitbegründer und Erbauer des Klosters von Tsarang sein, was allerdings mit der Jahreszahl, die wir erfahren haben, nämlich 1320, nicht ganz zu vereinbaren ist. Denn A-ma-dpal soll erst - so ist es in einem anderen Molla zu lesen - in der zweiten Hälfte des 14. Jahrhunderts geboren worden sein. Auch JACKSON schreibt in seinem Buch "The Mollas of Mustang", daß er gerade über die Gründung von Tsarang die unterschiedlichsten Angaben gefunden hat. Und er vermutet, daß der Bericht des Tsarang-Molla über die Geschichte der Gründung eine persönliche Manipulation war, um der Stadt Tsarang ein größeres Gewicht zu verleihen. Zumal es dort auch heißt, daß Lo Mantang erst 1380, also später gegründet worden sei.*

*Doch was bedeutet für uns hier in dieser Burg der Geschichtsstreit Mustangs? Was sind ein paar Jahre in der langen Geschichte des Landes Lo, dessen Anfang, ähnlich wie der Tibets, in Mythen und Legenden wurzelt. Und vielleicht empfindet man gerade hier, wo außer der sichtbaren Gegenwart der Skulpturen nichts faßbar ist, die Faszination der Geschichte. Und vielleicht bekommt man hier in dem eher verwahrlosten und ärmlichen Tempelraum eine Ahnung von der*

Viele Klöster in Mustang wirken verwaist, so wie dieser Tempelraum in Tsarang.

Der König von Mustang in seiner Privatgompa.

*anderen Wertigkeit im Denken der Menschen des Himalaya in all seiner Widersprüchlichkeit. Natürlich fragen wir auch an diesem geschichtsträchtigen Ort nach den berühmten Molla-Büchern. „Da gibt es eines", sagt uns der aufsichtführende Mönch und zeigt auf ein Buch mit einem wunderbar kunstvoll geschnitzten Holzdeckel. Man kann es kaum anheben, so schwer ist es. Stolz läßt sich dann der Mönch nur mit dem "Einband" fotografieren. Ob es nun wirklich das Tsarang- Molla ist, sei dahingestellt; ein kostbares, schönes Buch ist es in jedem Fall.*
*Ein Stock höher, über diesem Tempelraum, befindet sich der Gon-khang, der Tempel der Schutzgottheiten mit einer Menge von verstaubtem Krimskrams. In der Ecke hängen die Reste eines vertrockneten, exotischen Riesenvogels, Waffen lehnen an den Wänden, daneben ein Kettenpanzer, von der Decke baumeln alte Masken. In der Nische liegt eine verdorrte, braune Hand, die wohl einst einem Dieb abgeschlagen wurde. Diese Art von Bestrafung war auch im alten Tibet eine wirkungsvolle Maßnahme gegen Wiederholungsverbrecher.*
*Vorn auf dem Altar steht wieder eine kleine Statue Padmasambhavas, der uns bis jetzt in jedem Kloster Mustangs begegnet ist.*

STOLZ LÄSST SICH DANN DER MÖNCH NUR MIT DEM "EINBAND" FOTOGRAFIEREN.

*Der aus dem Swat-Tal stammende indische Tantriker soll auf Einladung des tibetischen Königs im 8. Jahrhundert in das Land auf dem Dach der Welt gekommen sein, um hier Dämonen und Geister der Urreligion zu bannen und sie in Helfer und Beschützer der buddhistischen Lehre umzuwandeln. Padmasambhava gilt als Begründer der Nyingma-Schule, der "Alten Schule" der unreformierten Rotmützen, die sich vor allem auf die esoterischen Lehren des Tantrismus stützt, die wiederum als Offenbarung des Adibuddha Samantabhadra gelten.*
*Die schimmernde, faszinierende Gestalt des Heiligen umranken zahlreiche Legenden, die ihm überirdischen Glanz verleihen. Seine acht Erscheinungsformen als friedvolle oder zornvolle Gottheit findet man auf zahllosen Bildwerken, ebenso verkörpert in unendlich vielen Skulpturen. Padmasambhava soll eine ganze Reihe von Lehrschriften verfaßt haben, die er an verschiedenen Orten in Tibet verborgen hat und die als Schätze der Nyingmapa gelten. Interessant, gerade hier in Tsarang, ist, daß der berühmte König A-ma-dpal in einer dieser Schriften Padmasambhavas*

Der Eingang zum Kloster von Tsarang ist mit einem dunklen Yaktuch verhängt; ein Lhato schützt zusätzlich den heiligen Ort.

*erwähnt sein soll. So heißt es im Tsarang-Molla nach Jackson:"Über diesen König A-me-dpal wird in einer Voraussage Padmasambhavas berichtet:*
*In dem Land, genannt Lo, wird es eine Wiedergeburt von mir geben, der Eine von Orgyan. Von Vajrapani wird er die Kraft erhalten und als A-me-dpal berühmt werden. Dieser Mann wird viele Dämonen bezwingen. Doch, obwohl er sie besiegen konnte, wird es keine Ruhe geben. Die Dämonen werden jedoch nicht die Kraft haben, ihn zu vernichten."*

*Dieser sagenumwobene König A-ma-dpal soll, wie schon erwähnt, auch der Gründer des Klosters hier in Tsarang sein, in dem einstmals, so heißt es, zweitausend Mönche gelebt haben. Schräg gegenüber der Burg liegt der zum Teil verfallene Tempelkomplex. An einem großen Chörten vorbei mit einer anschließenden Manimauer, wo viele, viele Tsha-tshas liegen, steigt man etliche Stufen hinauf zu dem festungsartig aussehenden Gebäude, das auch zugleich das Ende von Tsarang markiert. Wieder fällt an der Außenmauer die typische, bunte Streifung auf, die der architektonischen Strenge eine heiter menschliche Note gibt.*

*Wütend kläfft ein Mastiff in der Ecke des schmalen Klosterhofes. Vor dem Haupteingang rechts, der mit einem riesigen, braunen Yakwolltuch verhängt ist, steht eine Art Chörten, der mich jedoch wieder an die Lhatos in Ladakh erinnert. Von quadratischem Grundriß, rot gestrichen und geschmückt mit Tiergehörnen, scheint er eher der alttibetischen Mythologie zuzuordnen zu sein, wo er die Achse des Kosmos symbolisiert oder wie hier zum Beispiel, mit einem Stecken als Spitze, als Weltenbaum des Schamanismus angesehen werden könnte. Neben den typischen Zeichen der alten Bon-Religion befinden sich aber auch Tsha-tshas und Manisteine mit buddhistischen Mantras auf diesem Lhato.*

*Einmal mehr zeigt sich die enge Verknüpfung von Schamanismus, Animismus, Elementen der Ur- und Bon-Religion mit dem Buddhismus, so daß kaum eine Trennlinie gezogen werden kann. Wie in keinem anderen Land des Himalaya sind mir gerade hier in Mustang die Zeugen des Volksglaubens als dämonenabwehrende Mittel an Haus- und Klostereingängen in dieser Vielfalt begegnet.*

Das Innere des Haupttempels ist überaus reich ausgestattet. Schwungvolle, elegante Malereien zieren die Wände, beherrscht von je acht riesigen Buddhafiguren. Schöne alte Thangkas hängen an den Pfeilern. Die Zentralfigur des Altarraumes ist eine vergoldete Bronze des Buddha Maitreya, daneben andere, kleinere Bronzen. Es sind feine, handwerklich gute Arbeiten, doch scheinen sie neueren Datums zu sein. Unser Führer, der Neffe des Königs, weiß über die Kunstgegenstände und deren Alter nichts zu berichten.
Draußen vor dem Klostergebäude erwartet uns eine ganze Schar von Frauen mit ihren Kindern, die sie wie Bündel auf dem Rücken tragen - ein herrliches Bild, aber sie wollen sich nicht fotografieren lassen! Sie sind scheu, und doch neugierig zugleich. Da helfen wieder nur Geduld, Einfühlungsvermögen und vielleicht ein kleiner Spaß, der sie erheitert und zum Lachen bringt und der ihr Vertrauen weckt. Dann kann es sein, daß man plötzlich die willigsten Fotomodelle hat, denen es Freude macht, wenn sie in und durch meine Kamera schauen. So geht es mir auch schließlich hier in Tsarang, nachdem ich die anderen gebeten hatte, schon einmal ein Stück vorauszugehen, damit ich mit den Frauen allein sein kann.

Nach dem Mittagessen treffe ich mich noch mit dem Neffen des Königs auf dem Dach des Guest-House, wo wir uns einigermaßen ungestört unterhalten und verhandeln können. Er will mir eine gut kirschgroße, sehr schön gezeichnete alte Koralle verkaufen und meint, daß sie sicherlich wunderbar zu meinem Gzi-Stein passen müßte, den ich bereits von seinem Cousin erworben hätte. - Nachrichten scheinen sich doch viel schneller in Mustang zu verbreiten, als wir angenommen hatten!

Der Weg zurück nach Gemi ist ein einziger Kampf mit dem Wind. Dicht mit Sandkörnchen angereichert, ist es fast wie im Winter beim Skifahren, wenn die feinen Kristalle des Firnschnees von den Hängen geblasen werden und einem das Gesicht "zerpieksen". Bald fühlt sich die Haut wie Schmirgelpapier an. Der Wind reißt an den Haaren, bläst mir den Atem vom Mund, drückt mich gegen den Hang, macht den Aufstieg einmal wieder beschwerlich. Doch dann, auf der anderen

*Seite, geht es wie mit Siebenmeilenstiefeln im lockeren Gestein den Abhang hinunter, wie auf einer Rutschbahn bis zu der Manimauer, die wir ja schon auf dem Hinweg entdeckt haben und die sich wie ein riesiger, bunter (auch hier wieder die Streifung) Wurm in die Landschaft legt. Diesmal gehe ich den "falschen" Weg, das heißt, ich habe die Mauer auf meiner linken Seite. Buddhisten umwandeln heilige Dinge stets im Uhrzeigersinn, nur Bon-Gläubige wählen die entgegengesetzte Richtung. Auf der Bon-Seite scheint jedoch die Sonne, und ich kann die vielen tausend beschnitzten Steine besser betrachten, die in die Seitenwand der Mauer eingefügt sind. Kunstvoll eingeritzte Mantras und Abbilder von Göttern und Heiligen sind auch hier wieder sichtbare Zeichen einer tiefen Gläubigkeit. Zu Beginn zähle ich noch meine Schritte, um die ungefähre Länge der Mauer herauszufinden. Schließlich aber, nach zweimaligem Zurückgehen, gebe ich auf. Es sind insgesamt dreizehn Bausegmente, jedes an die dreißig Meter lang; die Mauer muß zwischen dreihundertfünfzig und vierhundert Meter Länge messen. Es ist die längste und bunteste Manimauer, die ich je gesehen habe. In einer Legende wird erzählt, daß sie der versteinerte Darm eines Dämons ist, der einst von einem Heiligen hier besiegt und dann in Stücke gerissen wurde.*

ES IST DIE LÄNGSTE UND BUNTESTE MANIMAUER, DIE ICH JE GESEHEN HABE.

*In Gemi wartet im Guest-House schon der heiße Tee auf uns, mit und ohne Butter. Wenn ich mich nicht so gut fühle, nehme ich immer lieber Buttertee. Diese nach Bouillon schmeckende Brühe wirkt bei mir wie ein Lebenselixier, und bald geht es mir wieder gut. So wie jetzt hier in der warmen Stube bei Mr.Chompel, wo ich mein Tagebuch schreiben kann und rührend von der Hausfrau versorgt werde. Sie freut sich, daß wir alle wieder wohlbehalten zurück sind.*

*Am Abend tanzen und singen unsere Träger; ihre Unterhaltung ist schon fast zu einer liebenswerten Gewohnheit geworden. Später dann, in unseren Zelten, begleitet uns eine andere Musik in den Schlaf. An die fünfzig Maultiere haben nebenan ihr Nachtquartier bezogen. Ihre Glöckchen bimmeln ohne Unterbrechung wie ein Wecker, den man nicht abstellen kann.*

In Gemi wartet man schon auf uns, und wir werden wie alte Bekannte begrüßt.

## 13. Tag - Auch in Mustang kann man sich verirren

*Ich bin heute schon früh auf, denn ich will unbedingt noch von Mr. Chompel die Yakglocke für Peter kaufen, die ich gestern abend entdeckt habe und die mit ihrem dumpftönenden Klang auch zu Hause immer ein Stückchen Mustang in mir lebendig werden lassen wird. Nur den Preis muß ich noch aushandeln, und das kann dauern, wie man weiß!*

*Außerdem will ich noch den zwei Mönchen in der Privatgompa beim Torma-herstellen zusehen. In einigen Tagen soll ein großes religiöses Fest stattfinden, deshalb sind sie jetzt so fleißig bei der Arbeit. Die Mönche haben einen ganzen Berg Tsampa-Mehl vor sich, kneten Butter hinein und formen aus dem Teig dann die kegelförmigen Opfergaben, die sie später rot bemalen. Ich soll unbedingt von dem Teig probieren; sie meinen, daß mir eine Kostprobe in jedem Fall gut tun würde. Ich bin da nicht so ganz ihrer Ansicht, wenn ich auf ihre Hände schaue. Aber Ablehnen kann ich jetzt nicht mehr, so lasse ich mir einen Knödel in den Mund stecken - das habe ich nun von meiner Neugier!*

**Ich soll unbedingt von dem Teig probieren**

*Gegen 8.30 Uhr brechen wir auf. Es ist einmal wieder ein herrlicher Morgen. Die Sonne scheint, die Luft riecht noch nach der kühlen Nachtfrische, die ich beim Wandern so liebe - und es weht kein Windchen! Horst ist schon vorausgegangen; er muß unterwegs noch etwas in Ruhe erledigen. Rainer wartet auf sein bestelltes Pferd; alle anderen sind weg.*

*Nur wir drei Frauen sind übrig. Der Weg ist klar, durch das Dorf, an den drei Chörten vorbei, den Steilhang hoch - dann müßte ein ausgedehntes Schotterfeld kommen, aber es kommt nicht, und es kommt auch sonst niemand, wir sind ganz allein, niemand vor, niemand hinter uns! Nach weiteren dreihundert Metern Anstieg sehen wir eindeutig, daß wir auf dem falschen Weg sind. Wir befinden uns jetzt in einem weiten Hochtal, dessen Ränder aber nochmals einige hundert Meter ansteigen. Der Pfad, der immer schmaler wird, führt nach Westen, unsere Richtung müßte aber geradewegs nach Süden zeigen. Nie hatten wir angenommen, daß zwei Wege aus Gemi herausführen - und wir haben ausgerechnet den falschen erwischt! Was sollen wir tun - alles wieder zurück? Oder sollen wir lieber das Wagnis auf uns nehmen, in Richtung Süden aufzusteigen,*

wo wir aber vielleicht an einen Steilabfall kommen und nicht weiter können? Wir beschließen weiterzugehen, zurück können wir noch immer.
Der Aufstieg im lockeren Gestein, durch Dornenbüsche, steil nach oben ist schwierig. Usch hat mit ihrer Luft zu kämpfen; seit zwei Tagen plagt sie eine Bronchitis. Aber wir müssen hier hoch, und nach einer Stunde haben wir es auch geschafft - allerdings, die Enttäuschung ist groß, wieder liegt ein Hochtal vor uns, und wir sind auf einer Höhe von 4200 Metern.
Doch niemals verläßt mich so schnell der Mut. Und ich kann Usch und Elke davon überzeugen, daß wir sicherlich am Rand dieser Ebene den Weg nach Samar sehen werden. Wir sehen ihn dann nicht, aber dafür etwa 800 Meter unter uns im Tal zwei Hirten mit ihren Tieren. Sie werden uns zumindest sagen können, wo wir sind; nur wie wollen wir da hinunterkommen?
Der Einstieg in den Steilhang ist gefährlich, doch dann folgt ein ausgedehntes Geröllfeld, wo wir uns eher rutschend in die Tiefe bewegen, immer froh, wieder ein steiles Stück ohne Körperlandung bewältigt zu haben. Unterhalb des Geröllfeldes beginnt die Pflanzendecke. Hundert Bächlein hüpfen hier munter über die Steine, und wir stehen mitten im Sumpf! Schrecken kann uns jetzt allerdings nicht mehr viel, wir sind ja fast unten. Zwischen den braunen Dornenbüschen blühen zartrosa Primelchen. Es sind die ersten Blumen, die ich in Mustang sehe.
Die Hirten schauen uns an, als kämen wir vom Mond - fast fühlen wir uns auch so! Aber wir erfahren von ihnen, daß sie einen Reiter gesehen haben und noch andere Männer mit Gepäck. Wir hoffen, daß es Rainer und unsere Träger waren.

Nicht weit von den Hirten treffen wir dann auch auf den Hauptweg, der nach Samar führt. Wir haben jetzt gut zweieinhalb Stunden verloren, und der eigentliche Paß mit wieder fast 4000 Metern liegt noch vor uns. Als Hoffnungsschimmer und Ansporn sehen wir oben Wangchus rote Mütze leuchten. Der Ärmste hat uns gesucht und ist die Strecke zweimal gegangen. Nach der Paßhöhe lassen wir Giling links von uns liegen und folgen, anders als auf dem Herweg, nun der Hauptroute, die nach Samar führt. Nach einem herrlich ebenen Stück müssen wir wieder steigen, an dem riesigen, bunten Chörten vorbei, wo mich der Wind packt und fast umwirft. Dann immer weiter bergauf, bis wir einen Paß erreichen. Zum dritten Mal sind wir heute um die 4000 Meter hoch.

Weit unten liegen die zwei Häuser von Tsang-moche, wo der Koch mit dem Essen wartet. Alle sind ziemlich sauer über unsere Verspätung, zumal sie ja nicht mehr aufzuholen ist und wir darauf bestehen, noch die Höhlen-Gompa anzusehen. Doch der allgemeine Unmut dauert nicht lange. Nach einer halben Stunde mit heißem Tee, Pellkartoffeln und Dosenwurst ist alles verziehen.

Nach unserer Mittagsrast wandern wir ständig bergab, tief in eine enge Schlucht hinein. Der Weg ist zum Teil so schmal, daß die senkrecht aufsteigenden Wände mich zu erdrücken scheinen, und ich froh bin, wenn ich wieder ein Stückchen Himmel sehe. Ich habe den schlimmen Verdacht, daß wir unsere verlorenen Höhenmeter alle wieder hinauf müssen, denn Samar und Giling liegen annähernd auf der gleichen Höhe, dazwischen, ungefähr in der Mitte, die berühmte Höhle Gcong-gzhi rang-byung, von der man erzählt, sie sei durch ein Wunder entstanden.

Und immer noch geht es bergab, eng an den Felsen entlang, die seitlich einhundert bis zweihundert Meter aufragen. Dann plötzlich öffnet sich der Cañon, aber hier ist es so steil, daß selbst die Pferde scheuen und sich weigern weiterzugehen. Menschen mit weißen Khatag-Schleifen kommen uns betend entgegen. Jetzt kann die Höhle nicht mehr weit sein. Und es ist wirklich nur noch ein kurzes Stück rechts vom Fluß den Hang hinauf, über hohe, enge Stufen. Dann haben wir es, ein wenig keuchend zwar, doch endlich geschafft. Gleich links am Eingang zur Höhle wölbt sich riesig rund ein Stein, beschnitzt mit heiligen Schriftzeichen. Wie viele Pilgerhände mögen ihn schon berührt haben, daß er so seidenglatt ist?
Ein Stückchen weiter innen ist es stockdunkel. Die Luft riecht dumpf nach Wacholderrauch und ranziger Butter. Der große Chörten, der fast den gesamten vorderen Teil der Höhle einnimmt, ist an der Vorderseite wie mit einem riesigen Tsha-tsha bedeckt, das sich aus unzähligen Bildern Padmasambhavas zusammensetzt. Dieser Chörten, wie auch noch vier andere, kleinere, soll von selbst entstanden sein. Und man sagt, daß, wenn ein Stück von ihnen abbricht, der Felsen aus sich heraus den Schaden wieder repariert. Die "Wunder-Chörten" sehen aus, als wären sie aus Gips gemacht und sind leuchtend rostrot gestrichen. Weiter im Inneren befinden sich nochmals vier Chörten, diese aber sind aus Steinen gemauert und bemalt mit den Bildnissen Sakyamunis, Padmasambhavas, Amitabhas und Avalokitesvaras.

Nur im Schein der Taschenlampe offenbaren sich die Kostbarkeiten der heiligen Höhle: Chörten; an der Rückwand das kaum mehr zu identifizierende Relief Atishas.

*An den Wänden der sicher fünfzig mal dreißig Meter messenden Höhle sind Halbreliefs von Heiligen aus dem Naturstein herausmodelliert. Von der vielen Opferbutter, die vor ihnen abbrennt, sind ihre etwa einen halben Meter großen Körper schwarz glänzend, dick verkrustet, und nicht mehr zu identifizieren. Eine der Figuren soll angeblich Atisha darstellen.*
*An den Seiten und etwas weiter unten entdeckt man andere, winzig kleine Nebenhöhlen mit Altärchen, allerlei Opfergaben, Schriftrollen und thangkaartigen Bildern. Aber hier reicht der Schein der Taschenlampe kaum aus, um alles zu erkennen.*

*Wangchu drängt zum Aufbruch; wir haben noch einen weiten Weg bis nach Samar. Der Pferdebesitzer konnte seine Tiere in der Zwischenzeit auf die andere Flußseite bringen. Usch und Rainer, die sich beide nicht besonders wohlfühlen, sind froh, wieder auf einem Pferderücken zu sitzen. Ich lehne dankend ab, habe den Holzsattel noch nicht so ganz überwunden, außerdem ist mir das Tier zu unruhig. Später bin ich heilfroh über meine Entscheidung, als ich sehe, wie das Pferd seinen eigenen Herrn abwirft, im hohen Bogen den Hang hinunter.*
*Unser Weg zieht sich, im schmalen Tal geht es bergauf, die steilen Serpentinen wollen gar nicht mehr aufhören! Ich könnte verzweifeln, wenn da nicht das frische Grün der Wacholderbüsche wäre, das in die Augen glänzt, und ihr würziger Duft, der die Nase erfreut. Immer wieder muß ich stehen bleiben, tief Luft holen. Ich zähle meine Schritte, fünfzig müssen es immer sein bis zur nächsten Pause. Irgendwann kommt die Paßhöhe dann doch - und der grandiose Blick auf Samar mit der Schneekulisse des Annapurna im Hintergrund. Es gibt von hier aus nochmals zwei kurze Ab- und Aufstiege.*

VON DER PASSHÖHE SEHEN WIR AUF SAMAR.

*Als wir Samar erreichen, ist es schon dunkel. Zehn Stunden sind wir heute marschiert, dabei viermal über Pässe mit 4000 Metern gestiegen. Mich fröstelt, wir sind alle ziemlich erschöpft. Nur die Träger sind wieder fröhlich, sie helfen uns beim Einrichten der Zelte, bringen uns warmes Wasser - und nach einer Tasse heißen Tees sieht auch für mich die Welt wieder freundlich aus.*

Mustang - eine Landschaft von herber Schönheit, karg und unverwechselbar.

## 14. Tag - Das verlassene Kloster von Chhusang

Sind wir das wirklich alles an einem Tag gestiegen?

*Meine Bewegungsmuskeln nehmen mir die Anstrengung von gestern noch ein bißchen übel; die Flohstiche haben sich in der Nacht vermehrt, aber sonst geht es mir gut!*
*Ich blinzle aus dem Zelt in einen sonnendurchfluteten Morgen. Da kann mich selbst der molligste Schlafsack nicht mehr halten. Doch spätestens beim Eintauchen der Fingerspitzen in den Gletscherbach bin ich vollkommen wach und überlege mir die freizulegenden Körperstellen genau.*

*Den Weg zurück nach Chhusang kennen wir ja nun schon. Aber jetzt geht es sich ganz leicht, fast beständig bergab, die malerische Schlucht entlang, auf der gegenüberliegenden Seite meine gerieselten Sandberge, dann die Hochfläche, schließlich Ghyakar. Sind wir das wirklich alles an einem Tag gestiegen? Die Sonne brennt genauso wie vor zehn Tagen, aber jetzt blühen weiß die wilden Rosen - nur duften sie nicht. Die Gerste scheint deutlich gewachsen, ihre Halme wogen im Wind wie grüne Wellen.*

*Im Dorf ist niemand. Sie sind alle unten am Fluß, schleppen riesige Kiesel mit Gurten auf dem Rücken, wollen einen Damm bauen, um das Wasser umzuleiten. Von oben sieht das aus wie eine Ameisenstraße. Ob sie wohl einen Grund dafür haben, die Steine genau von der anderen Seite des Flußtales zu holen?*
*Schon kurz vor 12 Uhr sind wir in Chhusang, wollen hier Mittagspause machen und lassen uns Hefekloß und Kraut in strahlendem Sonnenschein schmecken. Horst schäkert mit den Dorfschönen. Diesmal hat er keine Mühe mit dem Fotografieren, alle sind fröhlich.*
*Da gab es doch dieses Kloster mit den vielen Höhlen hoch oben auf der anderen Flußseite, erinnere ich mich. Aber niemand denkt im Moment daran, daß wir es wirklich besichtigen können. So fragen wir lediglich nach der Dorf-Gompa, weil wir noch genügend Zeit haben.*
*Tatsächlich finden wir auch jemanden, der einen großen Schlüssel hat und sich anbietet, uns zu führen. Wir gehen gemeinsam hinunter zum Fluß, aber jetzt nicht in den anderen Dorfteil, wie wir angenommen hatten, sondern quer durch das Flußbett zum Steilufer auf die andere Seite. Ich könnte jubeln - hatte ich es mir nicht schon auf dem Hinweg gewünscht?!*

Um einen Staudamm zu bauen, werden riesige Kiesel auf dem Rücken transportiert.

*Hoch über uns ragen die Chörten auf, die zum Kloster führen. Ein ganz schmaler Weg zwängt sich in den steilen Hang. Ständig kollern Steine herunter, es ist nicht ungefährlich. Aber die Freude, nun doch noch dieses alte Kloster der Nyingmapa sehen zu können, läßt uns alle Widrigkeiten vergessen. Gompa K'ang nennen es die Leute hier in Chhusang, Kun-bzang chos-gling (Allguter Dharma-Park) ist sein korrekter Name.*

*Jetzt ist das Gebäude vollkommen sich selbst überlassen, erzählt uns unser Führer. Der Mönch, der dort noch als einziger gewohnt hat, ist verstorben, und man sei gerade dabei, die wertvollen Gegenstände in die neue Gompa des Dorfes zu transportieren. Außerdem ist vor zwei Monaten jemand von einem herabstürzenden Balken erschlagen worden, und das bedeute nichts Gutes. Wir müssen über eine zerfallene Steinmauer klettern, um in das Klosterareal zu gelangen. Einen richtigen Weg gibt es gar nicht mehr, alles ist mit Dornengestrüpp zugewuchert, so wirkt das Kloster schon von außen auf mich wie ein verwunschenes, geheimnisvolles Schloß.*

*In der Vorhalle wachen wie üblich die vier Weltenhüter, daneben das Rad des Lebens. Doch dann öffnet sich für uns eine fast morbid kunstvolle Schatzkammer. Im Halbdunkel des Raumes dämmern die schönsten Freskenbilder im verstaubten Schlaf des Vergessens. Vairocana, Vajradhara, Sakyamuni, Avalokitesvara, Maitreya, Padmasambhava, Cakrasamvara, ihre übergroßen Abbilder schmücken die linke Wand der riesigen Tempelhalle, gestaltet von einem begnadeten Künstler.*

*Am allermeisten jedoch nimmt mich das Bildnis des Samantabhadra gefangen. Nackt und völlig schmucklos umarmt sein dunkelblauer Körper den weißen Leib seiner Paredra Samantabhadri, die ihn um schlungen hält, Symbol der vollkommenen Verschmelzung und Einswerdung mit dem Absoluten. Samantabhadra ist der Adibuddha der Nyingmapa, der ältesten Schule des tibetischen Buddhismus, dessen Gründer Padmasambhava war und der als Inkarnation des Adibuddha gilt. Ich kann mich kaum von diesem Bild abwenden, sehe nicht die abbröckelnde Farbe, die dicke Staubschicht, die dem Bild die Leuchtkraft nimmt. Es strahlt eine ungeheure Faszination aus, der ich mich nicht entziehen kann - und der ich mich nicht entziehen will.*

Vajradhara

Unter einer dicken Staubschicht ruhen die Wandfresken von Gompa K´ang.

Samantabhadra

*Hinter dem Altar, auf dem kleinere Skulpturen bedeutender Lamas der Rotmützenschule und die acht Emanationen Padmasambhavas stehen, erhebt sich die Kolossalstatue Maitreyas. Schulter und Kopf ragen bis in das obere Stockwerk. Umgeben ist die Figur von einer feinausgeschnitzten und buntbemalten Aureole, deren Abschluß wieder der schlangenverschlingende Urvogel Khyung ist. Auf einer Art Balkon kann man im zweiten Stock den Kopf Maitreyas von ganz nah betrachten. Eine ganze Reihe leerstehender Räume befindet sich noch hier oben; es sind ehemalige Mönchszellen, die jedoch bröckelig verfallen sind. Man kann sie kaum betreten, weil man nie weiß, ob man nicht irgendwo durch die Decke bricht.*
*Auf der linken Seite des Balkons gibt es nochmals eine kleinere Tempelhalle; es könnte der ehemalige Privatbereich des Oberlamas sein. Reste von Statuen und Ritualgegenständen wurden hier unter einer dicken Staubschicht einfach vergessen. Aber - ein Butterlämpchen beflackert die traurige Szenerie von Göttern und Heiligen.*
*Nachdenklich versonnen steige ich die brüchigen Stufen wieder hinunter, gehe noch einmal an den wunderbaren Fresken vorüber, die, kaum entdeckt, dem Verfall preisgegeben sind.*
*Vorn am Eingang, wie eine spanische Wand, völlig überraschend, indisch anmutende Miniaturmalereien. Wie und wann mögen sie nur hierher gekommen sein?*

BIS IN DAS ZWEITE STOCKWERK ERHEBT SICH DIE KOLOSSALSTATUE MAITREYAS.

*Draußen empfangen uns Wind und Sonne, holen uns schnell wieder in das gegenwärtige Leben. Aber die Gedanken sind noch immer in K´ang Gompa. Die meditative Einsamkeit des Klosters, die stille Versunkenheit, die ich dort so deutlich erleben konnte, übt einen sanften Zwang aus, den ich mir nicht erklären kann und der mich nicht losläßt. Erst unten im Flußbett, beim Steinesuchen, wird meine innere Anspannung gelöst.*
*Überall unterwegs wurden uns die gespaltenen "Schwarzen Juwelen" mit dem interessanten Innenleben angeboten. Und hier liegen sie einfach so herum, die Ammoniten des Tethys-Meeres, das einst diese Region bedeckte. Es sind die 130 Millionen Jahre alten Kalkgehäuse von Kopffüßern, eingebacken in die schwarzen Schiefer der Jura/Kreide-Zeit. Am kostbarsten sind diejenigen, die man zweimal aufklappen kann, so daß man das herausgelöste Positiv mit den beiden Schalen hat.*

Großeltern in Chhusang. Brillen sind ein begehrtes Statussymbol: auch verkehrt herum getragen erfüllen sie noch ihren Zweck.

*Die schneckenförmigen Fossilien gibt es in allen Größen; sie verbergen sich in schwarzen Kugeln von Pflaumen- bis Fußballgröße. Unsere Augen sind bald geschult genug, die entscheidenden äußeren Merkmale für eine mögliche innere Versteinerung zu entdecken. Und doch ist es dann immer wieder wie beim Losziehen - entweder platzt da ein Fossil heraus, oder man hat eben eine Niete. Dauernd hockt irgendwo jemand klopfend, weit hallen die Schläge. Man sollte gar nicht meinen, wie hart diese runden Wunder sind!*

*Die Zeit rinnt nur so dahin, und fast werde ich an meine Kindheit erinnert, wenn wir aufgeregt im Garten Ostereier gesucht haben. Bald sind unsere Taschen voll und schwer von den heiligen Steinen des Kali Gandaki, die übrigens von den Tibetern hoch verehrt und sogar als Amulett getragen werden.*

*Während wir beim Steinesuchen waren, hat unser Koch in Chhusang ein Huhn für das Abendessen kaufen können. In China ißt man mit Vorliebe tausendjährige Eier - in Mustang, scheint mir, läßt man die Hühner auch so alt werden! 25 Mark hat er dafür bezahlen müssen, eine horrende Summe! Aber die Suppe war dann sehr gut und schmackhaft.*

Die Frauen versorgen noch die Tiere.

*Wir sind noch immer im Flußbett und wandern jetzt ein Seitental hinauf nach Tetang zum dritten Ortsteil von Chhusang. Augenchörten begleiten uns rechts am Weg. Tetang wirkt mit seiner mächtigen Burg, dem gewaltigen Klosterbau und den dicken, grauen umschließenden Mauern wie eine riesige Festung. In den schmalen Gassen ist es bereits dämmrig dunkel. Die Häuser sind hier ungewöhnlich hoch, Hauseingänge und Fenster winzig klein. Manchmal gibt es holzgeschnitzte Verbrämungen, und man meint, die Nähe Nepals zu spüren.*

*Wie jeden Abend und wie überall bisher kommen die Menschen von der Arbeit zurück, manche mit ihren Tieren, manche mit Arbeitsgeräten vom Feld. Die Frauen versorgen noch die Tiere, schleppen Stroh und Futter. Männer und Kinder sind zum Dorfplatz gegangen, reden, spinnen Wolle; manche schauen zu uns herüber, manche sitzen nur einfach so da, im grauen Schmutz der Steine. Niemand ist fröhlich. Oder ist es meine eigene Traurigkeit, die ich ihnen ins Gesicht lege? Nachdenklich gehe ich durch die engen, gewundenen Gassen zu unserem Zeltplatz zurück.*

In den Gassen von Tetang.

*Es riecht nach Moder und Tierleibern zwischen diesen dunklen, erdrückenden Mauern, in die sich die Nacht schleicht. Tetang lebt nicht im 20.Jahrhundert, Tetang lebt irgendwann, lange vor mir. Zeit, das bedeutet hier Tag und Nacht, Frühling, Sommer, Herbst und Winter. Eine Zahl im Ablauf der Zeit, die gibt es nicht.*
*Und doch - hinter diesen dicken Häuserwänden leben Schicksale, persönliche, mit Anfang und Ende. Oder nicht? Das Rad des Lebens, des ewigen Wiedergeborenwerdens, Yama hält es in seinen Klauen, wie einen Facettenspiegel Du mußt dich entscheiden, denn endlos dreht es sich für alle, die ihm nicht entrinnen können - so sagt es die Lehre Buddhas.*

... DENN ENDLOS DREHT ES SICH FÜR ALLE, DIE IHM NICHT ENTRINNEN KÖNNEN...

## 15. Tag - Von Tetang nach Muktinath; eine bisher unbekannte Route

*Es ist noch nicht 7 Uhr, und ich habe schon alles gepackt. Der Himmel ist grau bewölkt, das Thermometer zeigt 11 Grad. Ich habe nicht besonders gut geschlafen; Usch hat die ganze Nacht gehustet, und der junge Mann von gestern abend, der mit seinem zerhackten Fuß um medizinische Hilfe bat, ging mir nicht aus dem Kopf. Die Wunde sah so furchtbar aus, daß es sogar Rainer schlecht wurde und er den Frauen die Behandlung überließ. Wir haben dann nur notdürftigst gereinigt und verbunden, mehr konnten wir nicht tun. Hier bleibt allein das Entweder - Oder. Entweder kann sich der Körper selbst helfen und wird mit der hochinfizierten Wunde fertig - oder der junge Mann muß sterben, das nächste Krankenhaus ist unerreichbar weit.*

*Wir haben heute einen sehr anstrengenden Tag vor uns. Tetang liegt nur auf einer Höhe von 3150 Metern. Um nach Muktinath zu gelangen, müssen wir aber einen Paß von 4100 Metern überqueren, das ist ganz sicher aus der Karte zu lesen. Und das bedeutet einen Anstieg von 1000 Metern; aber niemand kann sagen, ob dieser Anstieg kontinuierlich sein wird oder wieder durch Auf und Ab zusätzlich erschwert und der Weg so auch noch verlängert wird.*
*Usch und Rainer haben für heute noch einmal Pferde gemietet. Das ist gut, denn die Pferdehalter, die dann auch die Tiere führen, wenn es schwierig wird, geben vor, den Weg zu kennen, der in keiner Karte eingezeichnet ist.*

*Am Ende von Tetang gehen wir genau Richtung Osten an einer Manimauer mit Gebetsmühlen vorbei. Ganz in der Nähe ist auch die Schule. Dann wird es steiler, der schmale Pfad schlängelt sich durch riesige, hingewürfelte Steinklötze immer weiter bergan. An einem kleinen See muß man nach rechts abbiegen. Ich schaue noch einmal zurück - schwere Wolken verhängen das Land Lo - eine graue Steinmasse, unwirtlich, feindselig fast, wenn man nichts weiß von den grünen Felderterrassen und den weißen Würfelhäusern. Unten im Tal des Kali Gandaki scheint die Sonne.*

*500 Meter sind wir in forschem Tempo gestiegen, und ich habe schon jetzt keine Lust mehr. Nach jeder Biegung wieder eine neue Anhöhe, 500 Höhenmeter müssen sich ja irgendwo verbergen! Aber das tröstet wenig, ebensowenig wie die Erfahrung, daß auch Mustang - Frauen keuchen müssen. Die Pferdebesitzerin hat mich gerade überholt. Ich gebe ja zu, daß sie schneller ist als ich, aber schnaufen tut sie mehr!*

*Viele, viele Ziegen drängen, schubsen, hüpfen, meckern an mir vorüber. Sie sind alle mit kleinen Säcken rechts und links beladen. Wenn man ihr Bimmeln nicht hören würde, könnte man meinen, eine Lawine hätte sich gelöst, so laut sind ihre Hufe auf den Steinen.*
*Wie geschickt sie den riesigen Schotterhang überqueren! Als ob eine Welle aus wolligen Leibern darüberschwappen würde - und schon sind sie um die nächste Biegung verschwunden.*
*Noch eine Weile höre ich ihr klickernd scharrendes Geräusch, dann bin ich wieder allein.*

*Es hat angefangen zu regnen. Der Schotterhang, der sich wie eine graue Gletscherzunge tief in das Tal ergießt, erweist sich für mich Zweibeiner als tückisch und beschwerlich. Auf dem lockeren Gestein finde ich kaum Halt, zudem ist es jetzt naß und rutschig.*
*Der Wind reißt und zerrt an meinem Regencape. Ich ziehe diese zweite Haut so gut es geht fest um meinen Körper, lasse nur einen schmalen Schlitz für die Augen frei - und füge mich ohne Widerstand in alle Bedrohlichkeiten und Unbilden meiner Umgebung. Ich steige jetzt langsam mit kleinen Schritten, ohne eine Pause zu machen.*
*Nach den Schottermassen folgt plötzlich eine Art Hochalm mit struppigen, graugrünen Grashügeln,*

dazwischen niedrige Dornenbüsche und weiß-blühende Moose. Weiter oben schneit es. Der Wind fegt mir die eisige Kälte über das Gesicht, bis ich es nicht mehr spüre. Ich spüre auch mein Hirn nicht mehr, ich habe einfach aufgehört zu denken. Mechanisch tragen die Beine meinen Körper immer weiter, immer weiter hinauf. Da entdecke ich die kleine Steinschnecke, Millionen Jahre alt, rot-schwarz-gestreift, wie bemalt. Ich nehme sie mit als Talisman und wärme sie in den flauschigen Taschen meiner Jacke.

Wir sind jetzt wenig unterhalb der Paßhöhe, können schon die Gebetsfähnchen im Wind flattern sehen. Viele Versteinerungen gibt es hier, in allen Größen, aber diesmal nicht nur in schwarzem Schiefer, sondern in allen Farben von Ockergelb bis Rostrot. Ein Prachtexemplar von sicherlich 40 cm Durchmesser kann ich nicht einmal anheben.

Oben auf der Paßhöhe (4100 m) werde ich fast weggeblasen. Schnell noch ein Blick zurück. Dort, weit nach Norden hin, muß Lo Mantang sein und dort unten irgendwo Muktinath. Schneeflocken wirbeln um mich herum, hüllen mich ein und machen für einen kurzen Augenblick meine Welt ganz klein.

Dann reißt der weiße Vorhang auf. Muktinath erscheint wie auf einer riesigen Bühne, tief unten im Tal, Häusergruppen in lockerer Anordnung, dazwischen blaßgrüne Wiesenflächen und Äcker, umgeben von grauen Felswänden. Dunkle Wolken lasten auf der Landschaft wie eine zu niedrige Zimmerdecke.

Im Hotel "Mona Lisa" trinken Horst und ich erst einmal einen Chang, um uns aufzuwärmen. Viele kleine Hotels gibt es hier entlang der Straße, dazwischen bazarähnliche Läden, in denen man von Mützen über Ketten, Bonbons, Kerzen und Ammoniten auch antikes Bier kaufen kann. Die meisten Häuser sind zweigeschossig aus grauen Quadersteinen gebaut. Sie ducken sich unter einem Schindel- oder Blechdach, das zusätzlich noch mit Steinen beschwert ist. Es beginnt wieder zu schneien, und fast fühle ich mich wie in Südtirol; zu dem Alpenbild fehlen nur noch die an die Hauswand gelehnten Skier.

Muktinath, umgeben von den schneebedeckten Himalayariesen; Pilgerort für Hindus und Buddhisten.

*Bei -2 Grad Außentemperatur ist es im Zelt auch nicht viel wärmer. Aber wohlig eingemummt in meinen Daunensack genieße ich, mit kleinen Teepausen, den Blick durch das Fliegengitter auf die Straße. Ich schaue dem Tanz der weißen Flocken zu, die die Konturen der Vorübergehenden verwischen und aus unserem Zelt allmählich einen Iglu machen.*

Frauen in dünnen Saris wandeln betend unter diesen eiskalten Schauern.

## 16. Tag - Der weite Weg zum Bon-Kloster von Lupra

*Die Himalayaschneeberge rund um Muktinath glänzen in ihrer gewaltigen Größe majestätisch, rein, unter einem tiefblauen Himmel in der Morgensonne. Wir steigen die vielen, vielen eisglatten Stufen hinauf zum heiligen Hügel, mit Tempelchen und Schreinen, Chörten, Manimauern und Gebetsmühlen - alles eingebettet in einen lichten Bergwald. Einige Pilger ziehen betend mit uns. Es sind Hindus, die den Tempel Vishnus aufsuchen, um dort ihre Opfer zu bringen, verbunden mit einem reinigenden Bad in den heiligen Wassern.*
*Eine Quelle speist einhundertacht Rohre, die im Halbrund hinter dem Tempel angebracht sind. Frauen in dünnen Saris wandeln betend unter diesen sprühenden, eiskalten Schauern. Der heroische Abschluß ist dann ein dreimaliges Untertauchen im großen Bassin vor dem Tempel. Ein Brahmane, nur mit einem Lendentuch bekleidet, verrichtet zwischen all dem Prusten und Plätschern der anderen Pilger still und andächtig seine Gebete. Sein alter, asketischer Körper scheint die Kälte von Wasser und Luft gar nicht wahrzunehmen. Ich sehe ihm eine Weile zu und empfinde intensiv die Sicherheit und tiefe Ruhe, die aus seiner rückhaltlosen Hingabe an das Göttliche erwächst.*

*Nicht weit von hier auf der linken Seite befindet sich ein buddhistischer Tempel mit Padmasambhava als Zentralfigur. Der Hauptraum wirkt in seiner Gesamtheit ärmlich, fast vernachlässigt.*
*Die Kunstwerke haben keine Ausstrahlung. Ihre vergoldete Buntheit macht sie vordergründig, kitschig. Dieser Tempel, wie auch der mit der heiligen Flamme, wird von Nonnen betreut.*
*Letzterer befindet sich weiter rechts auf einem flachen Hügel. Aber auch hier bin ich von der ärmlichen*

In Muktinath gibt es viele heilige Plätze.

*Ausgestaltung des Hauptraumes sehr enttäuscht, zählt doch gerade dieser Ort zu den heiligsten und besuchtesten Plätzen des gesamten Himalaya. Berühmt ist Muktinath wegen seiner geheimnisvollen, seit Ewigkeiten brennenden Flamme, die wie ein Wunder neben einer Quelle aus der Erde lodert. Tausende von Pilgern haben hier schon gebetet und den Göttern ihre Opfer dargebracht. Ein wenig mürrisch zieht die Nonne für uns den Vorhang beiseite, der unter dem Altar eine Glasscheibe verbirgt, hinter der das heilige Licht brennt.*

*Mehrere kleine Flämmchen flackern in einer niedrigen Höhle, eines direkt neben einem schmalen Wasserlauf. Sie werden von Erdgas gespeist, das an dieser Stelle durch einen Spalt des Erdmantels an die Oberfläche dringt. Auch die übrigen drei buddhistischen Tempel können in ihrer Armseligkeit wenig begeistern. Ich frage mich, was mit dem Geld geschieht, das die Pilger hier in Muktinath opfern.*

*Selbst nach meinen vielen Reisen in die Länder des Himalaya ertappe ich mich immer wieder dabei, meine anerzogenen, geformten und im europäischen Denken gewachsenen Maßstäbe einer Welt anzulegen, die so sehr von der unsrigen verschieden ist. Die Gedanken- und Seelenwelt der Menschen des Himalaya, geprägt von Wünschen,Hoffnungen und Ängsten, artikuliert sich auch in ihrer Kunst, die hier nicht nur unter einem ästhetischen Aspekt betrachtet werden darf. Sie ist nicht nur darstellende Kunst, sondern, im Metaphysischen beheimatet, nur als Korrelation von religiösem Denken und künstlerischer Gestaltung zu verstehen. Relikte des Schamanismus, die Magie der Bon-Religion, Symbole, Zeichen, Götter und Heilige des Buddhismus und nicht zuletzt Formen und Farben der strengen indischen Ikonographie bilden eine schillernde Synthese in Freskenbildern, Statuen und auf Thangkas. Eine Annäherung an die Kunst des tibetischen Buddhismus ist für uns wohl möglich, eine erschöpfende Deutung bleibt jedoch nur den Eingeweihten vorbehalten.*

DIE GEDANKEN- UND SEELENWELT DER MENSCHEN DES HIMALAYA ARTIKULIERT SICH IN IHRER KUNST

*Und vielleicht ist es, neben manchen anderen Dingen, dieses Geheimnis, das sich zwar bei jeder*

Die Kunst des tibetischen Buddhismus ist vielschichtig, und eine erschöpfende Deutung bleibt nur den Eingeweihten vorbehalten.

*Begegnung ein Stückchen mehr offenbart, aber niemals ganz erschließt, das mich fasziniert und fordert, und das mich immer wieder dazu bewegt, in die Länder des Himalaya zurückzukehren.*

*Von Muktinath führt ein recht guter Weg über Kagbeni nach Jomosom zurück. Wir wollen heute jedoch noch nach Lupra, wo es ein kleines Bon-Kloster geben soll. Den Weg dorthin kennt allerdings niemand. "No problem", meinen alle, "dieses letzte Stück werden wir auch noch schaffen". Lupra muß irgendwo dort unten an einem Nebenfluß des Kali Gandaki liegen, kaum zu verfehlen!*

LUPRA MUSS IRGENDWO DORT UNTEN AN EINEM NEBENFLUSS DES KALI GANDAKI LIEGEN.

*Hinter Muktinath gibt es drei Paßübergänge; wir wählen den mittleren - und das war dann ausgerechnet der falsche! Aber bis wir unseren Fehler merken, ist es längst zu spät zum Umkehren. Wir machen einen riesigen Umweg - aber dafür einen zunächst sehr schönen.*
*Unterhalb der 3000-Meter-Grenze steigen wir auf der Südseite des Passes in einem dichten Kiefernwald auf schmalem Pfad ständig bergab. Es duftet nach Harz und warmer Erde. Die hellgrünen Nadeln glänzen in der Sonne; der Wind verfängt sich in den Wipfeln der Bäume, mischt sich in die tiefe Ruhe der Landschaft, ohne sie zu stören.*
*Weit unten treffen wir auf ein enges Flußtal. Schon vor einer Weile haben wir den steilen Zick-Zack-Weg am gegenüberliegenden Hang entdeckt. Aber wir beschließen, des Steigens müde, einfach dem Flußlauf zu folgen, so weit dies möglich ist. Zunächst macht das Hüpfen über die dicken, runden Kiesel Spaß. Manchmal sind die Sprünge schon gewagt, ist man doch nie sicher, ob man nicht samt anvisiertem Stein davonkollert. Aber hin und wieder verläßt mich trotz allem der Mut, und dann erweist sich Hamal als perfekter Brückenbauer.*
*Wir beide sind den anderen ein großes Stück voraus, hüpfen nun schon eine Stunde, aber von Lupra ist noch immer nichts zu sehen. Und die Hoffnung, es je zu finden, schwindet mehr und mehr. Bald ist lediglich die Gewißheit, daß dieser Fluß ja zum Kali Gandaki führen muß, der einzige Antrieb zum Weitergehen. Immer wieder eine Mäanderschlinge, immer wieder eine steile Felswand, die den Blick nicht freigibt.*

Bon-Gottheit im Kloster von Lupra.

Chörten haben hier in Mustang eine ganz typische Form- und Farbgebung.

*Wie ein Wunder tauchen nach zwei Stunden an der linken Flußseite Häuser auf - das muß, das kann nur Lupra sein! Es ist tatsächlich Lupra, und wenig später sitzen wir alle völlig erschöpft - nicht im Kloster, sondern in der Dorfschänke. Wir lechzen nach einem Trunk, als kämen wir aus der Wüste. Aus dem einen ersten werden etliche, und immer wieder wird die Changkanne nachgefüllt - und immer mehr fühlt man sich wie zu Hause. So ganz von außen betrachtet, unterscheidet uns kaum noch etwas von den Einheimischen - auch im Duft dürften wir kaum mehr als andersartig auffallen.*

*Das Bon-Kloster ist nur durch wenige Merkmale von einem buddhistischen zu unterscheiden. Die vorbuddhistische Religion hat im Laufe der Jahrhunderte sehr viel der buddhistischen Ikonographie übernommen und einfach integriert, hat so praktisch als Konglomerat beider Religionen weiterhin Bestand gehabt.*
*Acht Mönche sollen hier im Kloster von Lupra leben, aber wir finden keinen, lediglich den Schlüsselverwalter. Wie überall ist es innen düster-dämmrig. Die Götterstatuen ruhen unter einer dicken Staubschicht, wirken geheimnisvoll in ihrer grauen Entrücktheit. Die Innenseite des Deckenluftschachtes umspannt ein breiter Fries mit wunderbaren, alten Malereien. Die Fresken an den Wänden sind jedoch neu und von minderer Qualität.*

*Der Weg von Lupra bis Jomosom soll nochmals eine Stunde Marsch sein. Aber wenn das die Einheimischen schon sagen, werden wir sicher zwei Stunden benötigen. So ist es dann auch; und der Weg über die nicht enden wollenden kleinen, großen, runden, wackligen Steine wird mühsam. Der Wind wirft mich fast um, reißt mir den Atem vom Mund, macht uns alle stumm. Jeder geht jetzt für sich, sucht sich seinen eigenen Weg zurück durch den Bach, der dann schließlich in das breite Bett des Kali Gandaki mündet.*

*Die Kapuze tief in das Gesicht gezogen, stemme ich mich gegen den tosenden Druck des Windes, konzentriere mich ganz auf Sand und Steine, denke nichts im eintönigen Rhythmus der Schritte - oder doch? - Zu Hause, da blüht jetzt sicher der Flieder und füllt mit seinem Duft die Maiabende....*

Und überall ist man dazu bereit, ein Lächeln auch zurückzugeben...

## Nachwort

*Monate sind vergangen, und im Garten sind die duftenden Fliederträume längst verblüht. Die Erinnerungen an Mustang haben jedoch ihren Zauber behalten, liegen greifbar verstreut auf meinem Schreibtisch: viele, viele Bilder, das Tagebuch, der Gzi-Stein, der Tsha-tsha-Chörten, die kleine Steinschnecke....*

*Freunde kamen, fragten nach meiner Reise und wunderten sich über die mitgebrachten, seltsamen Dinge, die mir inzwischen vertraut und lieb geworden waren. Immer wieder mußte ich erzählen, erklären. Dabei ordneten sich die Gedanken, und die Idee, ein Buch über diese Reise zu schreiben, begeisterte mich immer mehr. Denn als fast weißer Fleck auf unserer Landkarte reizt dieses kleine Königreich, wieder entdeckt zu werden; und im Schauen wird man zu einem Suchenden auf dem langen Weg durch Mustang.*

*Wobei sicherlich jeder etwas anderes für sich entdecken wird. Vielleicht ist es die Landschaft, aufregend im Spiel der Linien und Farben; vielleicht sind es die Menschen, heiter, zufrieden in all ihrer schmutzigen Armut; vielleicht sind es die alten Klöster mit ihren Kunstschätzen, an denen seit über fünfhundert Jahren kaum etwas verändert wurde; vielleicht ist es aber auch ein Teil des unbekannten Ich, das einem da unterwegs begegnet - oder es ist alles miteinander verwoben zu einer Einheit, die zu einem faszinierenden ganz persönlichen Erlebnis werden kann.*

*Und hier möchte ich allen meinen Freunden und Bekannten danken, die mir begeistert geholfen haben, das Schatzkästlein "Mustang" zu öffnen und einen kleinen Teil in diesem Buch sichtbar zu machen: Holger Lindner, der die Gestaltung übernommen hat; Karin Kaiser, die das Manuskript korrigierte; Dr. Horst Kitzki, der mir einen Teil seiner Literatur zur Verfügung stellte; Jampa Phukhang, der die tibetischen Schriften übersetzte und Fragen zur Ikonographie klärte; und meiner Familie , die geduldig und aufmerksam zugehört hat, wenn ich wieder und wieder von Mustang erzählte.*

## LITERATURVERZEICHNIS


**Bücher mit Beiträgen speziell zu Mustang:**

**Donner, Eka:** Auf den Spuren vergangener Tage. Wiedersehen mit Nepal. R. G. Fischer, Frankfurt 1990.

**Jackson, David P.:** The Mollas of Mustang. Historical, Religious and Oratorical Traditions of the Nepalese-Tibetan Borderland. Library of Tibetan Works and Archives, Dharamsala 1984.

**Kawaguchi, Ekai:** Three Years in Tibet. Madras 1909. Reprint Kathmandu 1979.

**Peissel, Michel:** Das verbotene Königreich im Himalaja. Abenteuerliche Expedition in eine mystische Hochkultur zwischen Indien und Tibet. Safari, Berlin 1968.

**Snellgrove, David L.:** Himalayan Pilgrimage. Shambala, Boston 1989.

**Tichy, Herbert:** Land der namenlosen Berge. Erste Durchquerung Westnepals. Ullstein, Wien 1954.

**Tucci, Giuseppe:** Journey to Mustang 1952. Kathmandu 1977.

**Weiterführende Literatur:**

**Aschoff, Jürgen C.:** Tibet, Nepal und der Kulturraum des Himalaya. Kommentierte Bibliographie. Garuda, Dietikon/ZH 1992.

**Brauen, Martin:** Das Mandala. Der heilige Kreis im tantrischen Buddhismus. DuMont, Köln 1992.

**Bedenig, Dieter:** Nepal. Kathmandu: Tor zum Nepal-Trekking. DuMont (Richtig Reisen), Köln 1989.

**Bleichsteiner, Robert:** Die gelbe Kirche. Josef Belf, Wien 1937.

**Dagyab, L.S. Rinpoche:** Buddhistische Glückssymbole im tibetischen Kulturraum. Diederichs Gelbe Reihe, München 1992.

**Dambmann, Gerhard, Lange, Helmut, Rhode, Manfred:** Mit Edmund Hillary durch den Himalaya. Herder, Freiburg i.Br. 1987.

**Donner, Wolf:** Nepal. Raum, Mensch und Wirtschaft. Institut für Asienkunde, Wiesbaden 1972.

**Donner, Wolf:** Nepal. Im Schatten des Himalaya. C.H.Beck, München 1990

**Frank, Dietmar:** Traumland Nepal. Süddeutscher Verlag, München 1974.

**Govinda, Lama Anagarika:** Der Weg der weißen Wolken. Scherz, München 1985.

**Lauf, Detlef Ingo:** Eine Ikonographie des tibetischen Buddhismus. Graz 1979.

**Lavizzari-Raeuber, Alexandra:** Thangkas. Rollbilder aus dem Himalaya. DuMont, Köln 1984.

**Matthiessen Peter:** Auf der Spur des Schneeleoparden. Scherz, Bern/München 1980.

**Müller, Claudius C., Raunig, Walter:** Der Weg zum Dach der Welt. Pinguin, Innsbruck 1982.

**Nebesky-Wojkowitz, René M. von:** Wo Berge Götter sind. Deutsche Verlagsanstalt, Stuttgart 1955.

**Olschak, Blanche Christine, Gansser, Augusto, Gruschke Andreas:** Himalaya. Wachsende Berge, lebendige Mythen, wandernde Menschen. VGS Verlagsgesellschaft, Köln 1987.

**Peissel, Michel:** Königreiche im Himalaya. Perlinger, Wörgl 1985.

**Peissel, Michel:** Expedition Kali Gandaki. Mit dem Luftkissenboot durch den Himalaja. Paul Zsolnay, Wien/Hamburg 1974.

**Schumann, Hans Wolfgang:** Buddhistische Bilderwelt. Eugen Diederichs, München 1990.

**Statistical Year Book of Nepal 1991**. Kathmandu. (Statistisches Bundesamt, Zweigstelle Berlin)

**Uhlig, Helmut:** Himalaya. Menschen und Kulturen in der Heimat des Schnees. Gustav Lübbe, Bergisch Gladbach 1987.

**Weihreter, Hans:** Schmuck aus dem Himalaja. ADEVA, Graz 1988.

**Wiesner, Ulrich:** Nepal - Königreich im Himalaja. DuMont, Köln 1988.

**Winkler, Jürgen:** Himalaya. F.Bruckmann, München 1989.

## Glossar

**Bardo Thödol**
Das Totenbuch der Tibeter; es wird während der Totenzeremonien von Lamas rezitiert. Bardo bedeutet Zwischenzustand, gemeint ist der 49 Tage dauernde Zustand zwischen Tod und Wiedergeburt.

**Bhavacakra**
"Lebensrad", bildhafte Darstellung des Wiedergeburtenkreislaufs.

**Bodhisattva**
Wesen, das die Erleuchtung bereits erreicht hat, aber verzichtet, in das Nirvana einzugehen, bis alle Lebewesen sich aus dem Wiedergeburtenkreislauf befreit haben.

**Brahmane**
Angehöriger des höchsten Standes der hinduistischen Kastenordnung.

**Cham**
Getanztes Ritualdrama, Maskentänze, Pantomimen mit Musikbegleitung; zeigen in siegreicher Aktion die Macht der Religion, während sie deutlich Züge der Ur- und Bon-Religion aufweisen; werden meist jährlich bei den Klosterfesten in den Innenhöfen der Klöster aufgeführt.

**Chang**
Obergäriges Gerstenbier.

**Chörten**
Sanskrit: Stupa; Opfer- oder Schatzbehälter, symbolischer Reliquienschrein Buddhas, in der buddhistischen Welt das sicherlich markanteste und symbolträchtigste Sakralbauwerk; der fünfstufige Aufbau ist das plastische Abbild des Kosmos. Augenchörten gibt es häufig in Nepal; über der Wölbung findet man auf einem Sockel auf allen vier Seiten jeweils ein Augenpaar, die Allessehenden Augen Buddhas.

**Chü**
(bcud) "Kraft, Inhalt". Im übertragenen Sinn bedeutet dies existentielle Qualität, positive Kraft.

**Ganesha**
Elefantenköpfiger Sohn Shivas, Gott der Weisheit.

**Gebetsmühle**
Zylindrische Trommel, angefüllt mit Papierrollen, die mit heiligen Mantras bedruckt sind; durch Drehen der Trommel potenzieren sich die Anrufungen/Gebete; von ganz klein bis riesengroß, als Handtrommel oder fest montiert.

**Geisterfalle**
Fadenkreuz; die Arme sind durch verschiedenfarbige Fäden rhomboidförmig miteinander verknüpft, damit sich die bösen Mächte darin verfangen; oft in Kombination mit Tiergehörnen, Schädeln, Schrifttäfelchen; meist über Hauseingängen angebracht.

**Gelugpa**
Die Tugendhaften; Bezeichnung für die Gelbmützenschule; Gründer ist der Reformator Tsongkhapa (1357 - 1419 ).

**Gompa**
"Einsame Wohnstätte"; bezeichnet Einsiedelei oder auch großes Kloster.

**Gonkhang**
Tempel der Schutzgottheiten.

**Gzi-Steine**
"kostbar, funkelnd"; im tibetischen Kulturkreis hochgeschätzte Schmucksteine, die wie Amulette in Ketten oder einfach an Schnüren um den Hals getragen werden. Ihnen werden magische Kräfte zugeschrieben, die den Träger vor unheilbringenden Dämonen schützen; meist sind dies gebänderte Achate, rund oder walzenförmig; es gibt aber auch Gzi-Steine aus Glas, Horn und Elfenbein, über ihre Herkunft erzählen ausschließlich Legenden.

**Hanuman**
Hinduistische Gottheit in Gestalt eines Affen; er half Rama bei der Befreiung seiner Gattin aus der Gewalt eines Dämon.

**Kali**
"Die Schwarze" - hinduistische Gottheit, schrecklicher Aspekt der Shakti Shivas.

**Khatag**
Zeremonialschal; weißer Baumwoll- oder Seidenschal, wird als Zeichen der Ehrerbietung überreicht.

**Khampa**
"Mann aus der Kham-Provinz"- kriegerischer Volksstamm aus dem Osten Tibets.

**Lama**
"Der Obere", Sanskrit: Guru; religiöser Lehrer und Führer, oftmals falsch für Mönch verwendet.

**Lhato**
Kleine gemauerte Gebäude von quadratischem Grundriß mit zurückspringendem dreistufigen Oberbau; rot gestrichen sind sie Sitz der zornvollen Schutzgottheiten, weiß sind sie Sitz der wohlwollenden Geister; man findet sie meist an markanten Punkten wie Wegkreuzungen, Berggipfeln, Klostereingängen.

**Lokapalas**
Die vier Weltenhüter oder Weltenwächter, auch Beschützer der vier Himmelsrichtungen; als Fresken oder auch Skulpturen an Klostereingängen.

**Mandala**
Als Meditations- und Initiationsbild sind Mandalas (psycho)kosmische Diagramme, Abbild des Mikro- und Makrokosmos, "Mittel zur Reintegration, zur Findung des unteilbaren Selbst" (Tucci).

**Manisteine**
Figural oder mit Anrufungsformeln beschnitzte Steine.

**Mantra**
Aus Keimsilben zusammengesetzte Anrufungsformel, magische Formel und Träger geistiger Energien.

**Molla-Bücher**
Geschichts- und Religionsbücher Mustangs; ihre Texte werden bei religiösen Zeremonien rezitiert.

**Nyingmapa**
Älteste Schule des Buddhismus in Tibet; Gründer war im 8.Jahrhundert Padmasambhava.

**Rinpoche**
"Kostbarer"; Titel für hochstehende, insbesondere inkarnierte Lamas.

**Sakyapa**
Zweite buddhistische Schule in Tibet; der Name leitet sich vom Kloster Saskya in Zentraltibet ab, Gründer war Khön Konchog Gyalpo (1034-1102).

**Sherpa**
"Volk aus dem Osten"; stammen aus Kham, einem Gebiet im östlichen Tibet; 1420 wanderten sie von dort aus, siedeln heute vornehmlich in Ostnepal (Khumbu und Solu), nördlich von Kathmandu, in Darjeeling; ihre Anpassungsfähigkeit an große Höhen, ihre Treue, Ausdauer und Zuverlässigkeit hat sie zu bewährten Trekkingpartnern gemacht.

**Thangka**
"Das, was man aufrollt"; religiöses Rollbild auf Stoff; lassen sich in drei funktionelle Kategorien aufteilen:
1. Lehr- und Erziehungsfunktion
2. Meditationsgrundlage.
3. Schutz- und Verdienstanhäufung.

Dargestellt werden in der Hauptsache Buddhas, Bodhisattvas, Schutzgottheiten, Heilige und Lamas, Pläne von Klosteranlagen, Mandalas, das Lebensrad, Stammbäume von Buddhas und Heiligen.

**Torma**
Aus Gerstenmehl und Butter geformte und bemalte Opferdekorationen auf den Altären.

**Tsha-tsha**
Votivfigürchen oder Reliefs aus Ton oder Lehm; beigemischt wird oft die Asche von Verstorbenen, Lamas und Heiligen, ebenso Heilkräuter und Getreidekörner; z.T. werden sie bei Krankheiten als Medizin gegessen.

**Yak**
(bos mutus) Große massige Rinderart im zentralasiatischen Hochland; die domestizierte Zuchtform ist der Hausyak - Grunzochse.

## Die Autorin

*Gudrun John, Jahrgang 1944, lebt in der Nähe von Stuttgart. Sie studierte Germanistik, Geographie und Philosophie in Köln. Ihr spezielles Interesse gilt darüber hinaus Problemen der praktischen Medizin, vor allem auch den Besonderheiten der tibetischen Heilkunde.*

*Auf zahlreichen Reisen lernte sie Tibet, Nepal und Nordindien kennen und beschäftigt sich seit vielen Jahren intensiv mit der Kultur der Länder des Himalaya.*

*Seit 1986 hält Gudrun John Vorträge über ihre ausgedehnten Reisen und führt Studiengruppen durch die von ihr erkundeten Länder und Regionen.*